P. HUBER
2008

Jérôme ANCEL

Créer une SCI familiale

4ème édition

EDITIONS DU PUITS FLEURI
77850 Héricy - FRANCE

Editeur : Emile Guchet
Direction d'ouvrage : Thierry Guchet

ISBN : 2-86739-264-0
ISSN : 0414-6492

Sommaire

Introduction

Doit-on constituer une société civile immobilière ? Depuis plusieurs années, les constitutions de SCI sont nombreuses. La SCI correspond donc à des besoins nombreux et variés.

Au plan juridique, nous constaterons que depuis la loi du 4 janvier 1978, le statut juridique des sociétés civiles immobilières se rapproche, sur de nombreux points de celui des sociétés commerciales. Au plan fiscal, cette structure comporte nombre d'avantages à condition d'en connaître parfaitement les règles.

Dans ce but, nous essaierons d'étudier la SCI au travers de plusieurs thèmes :

- Que faut-il entendre par SCI ?
- Pourquoi constituer une SCI ?
- Avantages et inconvénients d'une SCI
- Comment constituer une SCI ?
- La vie de la société
- La fin de la société
- Le régime fiscal de la SCI
- La SCI en difficulté

Volontairement, nous avons souhaité que ce livre reste au stade des généralités. Certaines sociétés comme les sociétés civiles de placement immobilier (SCPI), les sociétés civiles d'attribution ou les sociétés civiles de construction vente ne constituent, en effet, que des sociétés immobilières à statut particulier.

Sans doute ne faut-il jamais perdre de vue ce que sont les contraintes de la SCI :

- ► un certain formalisme,
- ► des frais de constitution,
- ► une fiscalité parfois complexe.

La société civile immobilière peut donc être une carte à jouer. Encore convient-il d'en connaître le fonctionnement.

Que faut-il entendre par SCI ?

Les trois lettres de SCI recouvrent trois mots : Société Civile Immobilière. Chacun de ces mots a une signification précise.

1. La SCI est une société

L'article 1845 du Code civil le précise clairement : les dispositions applicables aux sociétés de manière générale sont applicables aux SCI.

Il n'est pas inutile à ce propos de rappeler les termes de l'article 1832 du Code civil suivant lesquels « *la société est instituée par deux ou plusieurs personnes qui conviennent par un contrat d'affecter à une entreprise commune des biens ou leur industrie en vue de partager le bénéfice ou de profiter de l'économie qui pourra en résulter* ».

La validité d'un contrat de société est liée à plusieurs facteurs :

- la présence d'au moins deux associés ;
- la nécessité d'un apport, le plus souvent en somme d'argent ;
- la participation aux bénéfices et la contribution aux pertes ;
- la volonté commune de tous les associés de grouper leurs efforts en vue d'un but commun. C'est ce que l'on appelle en latin l'« affectio societatis ».

Attention ! Il n'est pas possible de constituer une SCI avec une seule personne. Cette faculté n'est pour l'instant réservée que pour l'EURL.

2. La SCI doit avoir un objet civil

En d'autres termes, la société ne doit pas avoir de caractère commercial. Si cela était le cas, il est évident que la société ne pourrait plus se targuer du caractère civil et serait directement soumise aux dispositions de la loi du 24 juillet 1966 relative aux sociétés commerciales.

En outre, suivant l'article 1845, alinéa 2, du Code civil, « *ont le caractère civil toutes les sociétés auxquelles la loi n'attribue pas un autre caractère à raison de leur forme, de leur nature ou de leur objet* ».

Si la société civile fait des actes de commerce, deux conséquences peuvent en découler :

- D'abord, la société se trouvera considérée fiscalement comme une société commerciale dont le régime est très différent de celui d'une société civile.

- Qui plus est, les associés seront considérés comme des associés d'une société commerciale née de fait.

Il convient donc d'être très vigilant sur l'objet de la société qui doit demeurer un objet civil. Qui plus est, il faut éviter en pratique que les associés n'effectuent des actes de commerce et ce, suivant la définition donnée par les articles 632 et 633 du Code de commerce.

3. La SCI doit avoir un objet immobilier

Il existe beaucoup de types de sociétés civiles.

Par exemple, pour les activités libérales, on peut citer les Sociétés Civiles Professionnelles (SCP), les Sociétés Civiles de Moyens (SCM), pour les activités agricoles, les Sociétés Civiles d'Exploitation Agricole...

Les SCI occupent une place particulière puisqu'elles ont un objet portant obligatoirement sur l'immobilier.

Pratiquement, ces SCI regroupent deux types d'activités :

- l'**administration d'immeubles** que les membres de la société ont acheté ou reçu en apports,
- ou encore la **construction d'immeubles** sur un terrain appartenant à la SCI.

Il est évident que la majorité des petites SCI, de caractère familial qui plus est, ont pour objet l'administration ou la gérance d'un patrimoine familial.

4. Qu'est ce qu'une SCI familiale ?

La SCI familiale est une SCI composée entre parents ou alliés jusqu'au 4ème degré inclus (cousins germains inclus).

L'intérêt de cette société est qu'elle peut, comme n'importe quel bailleur particulier, conclure un bail d'une durée de

3 ans ou encore d'une durée inférieure pour des raisons professionnelles ou familiales (contre 6 ans pour les SCI non familiales. Voir articles 10 et 13 de la loi du 6 juillet 1989).

Pourquoi constituer une SCI ?

1. Attention aux illusions de la SCI !

Dans les années 80, la mode était à la constitution de SCI, certains attribuant des pouvoirs fiscaux presque magiques à ce type de sociétés. Mais force est de constater que sur ce plan, l'intérêt de constituer une SCI est inexistant.

Sans nul doute, l'intérêt d'une SCI doit être recherché dans d'autres directions que celles de la fiscalité... Plusieurs autres raisons peuvent motiver le recours à une SCI.

Nous les décrivons ci-après.

2. Eviter l'indivision

La société civile immobilière, dans bien des cas, pourra constituer une alternative à l'indivision.

Rappelons qu'un immeuble peut se trouver en indivision pour plusieurs raisons :

- parce qu'il a été acquis par plusieurs personnes ;
- parce qu'il a été recueilli dans une succession par plusieurs héritiers ou légataires ;

- parce qu'il dépendait d'une communauté entre époux, dissoute par divorce, séparation de corps ou à la suite d'un changement de régime matrimonial ou d'un décès.

Or, on sait que l'indivision est un état précaire, souvent difficile à vivre, surtout dans le cas de mésentente entre les indivisaires. En effet, selon l'article 815 du Code civil « *nul ne peut être contraint de rester dans l'indivision... et le partage peut toujours être provoqué...* ». Certes, le législateur a apporté un certain nombre de tempéraments à ce principe. Mais il n'empêche que le principe énoncé par le Code civil ne peut qu'inciter les intéressés à trouver des formules moins contraignantes.

Il faut ajouter à ce premier argument que selon l'article 815-3 du Code civil, les actes importants ne peuvent être décidés qu'à l'unanimité des indivisaires. Il en est ainsi lorsqu'il s'agit de louer, vendre ou hypothéquer l'immeuble. Certes, là encore, il existe des possibilités de passer outre si un indivisaire refuse abusivement son accord ; cependant il convient d'aller devant le tribunal (Code civil, articles 815-5 et 815-6).

Certes, on pourra objecter que le législateur a prévu la possibilité d'organiser l'indivision. L'article 1873-3 du Code civil donne la possibilité pour les indivisaires de décider par convention que pour une durée qui ne saurait excéder 5 années (renouvelables), le partage ne pourra être provoqué. La convention devra alors réglementer pendant cette durée les conditions d'administration, en nommant un gérant, en déterminant l'étendue de ses pouvoirs, sa rémunération éventuelle... La solution est cependant imparfaite. En effet, le délai de 5 ans peut paraître bien court d'autant que même pendant ce laps de temps, le partage de l'immeuble peut, dans certains cas, être demandé (Code civil, article 1873-3).

La constitution de la SCI offre donc incontestablement la solution de stabilité. Les associés ne seront plus sous la menace permanente d'une action en partage. Qui plus est, les parts seront plus facilement négociables que des droits indivis. De même, les décisions pourront être prises avec plus de facilité puisqu'elles relèvent de la majorité et non de l'unanimité.

Sans doute pourra-t-on objecter à cette affirmation que la SCI n'offre pas que des avantages. En effet :

- les frais sont plus importants que dans le cadre de l'indivision ;
- le formalisme de constitution est sans nul doute plus important ;
- la gestion est beaucoup plus rigoureuse.

Cependant, à y regarder de près, les avantages dans un tel cadre dépassent les inconvénients précités.

3. Atténuer sa responsabilité

Doit-on constituer une SCI dans le but d'échapper aux créanciers ou de limiter sa responsabilité ?

La réponse est nette pour les sociétés à responsabilité limitée ou les sociétés anonymes. En effet, dans ce type de sociétés :

- les créanciers n'ont de recours que sur le patrimoine de la société (sauf si le dirigeant s'est porté caution ou si sa responsabilité personnelle est engagée par une juridiction) ;
- les associés n'ont aucune obligation personnelle vis-à-vis d'eux ; ils risquent uniquement de voir leurs droits sociaux devenir sans valeur.

La solution est toutefois différente pour les SCI.

On peut même affirmer que constituer une SCI dans le but unique d'échapper aux créanciers sera purement illusoire. Nous verrons en effet dans le cours de nos développements que les associés répondent indéfiniment des dettes de la société sur leur patrimoine personnel, pour une fraction, certes, mais sans limitation de cette fraction. En clair, chaque associé répond en proportion de sa part dans le capital social.

Seuls avantages à la constitution de SCI :

- la responsabilité des associés n'est pas solidaire,
- et la responsabilité des associés est subsidiaire ; ce qui veut dire que le créancier doit en premier lieu se retourner contre la société ; ce n'est qu'à défaut de paiement par celle-ci que le créancier pourra se retourner contre les associés.

☞ Attention à la responsabilité !

Rappelons, et ceci est fondamental, que les associés sont indéfiniment responsables des dettes sociales, proportionnellement à leurs apports. Toutefois, les créanciers de la société ne pourront poursuivre chacun des associés qu'après avoir vainement mis en demeure la société.

4. Transmettre son patrimoine

➤ Avantages fiscaux

La SCI peut être utilisée en vue de transmettre son patrimoine immobilier.

Toutefois, il convient là de distinguer deux hypothèses :
- la mise en SCI d'un immeuble dont on est déjà propriétaire ;
- ou l'acquisition d'un immeuble postérieurement à la constitution de la SCI.

➤ Mise en SCI d'un immeuble dont on est propriétaire

Suite à la constitution de la société civile immobilière, la transmission à titre gratuit portera sur des parts sociales, ce qui sera de nature à faire économiser des droits.

Or, faire une donation des parts est au plan fiscal, plus avantageux que de donner l'immeuble et ce pour les deux motifs suivants :

• Premièrement, les droits de donation sont perçus sur la valeur vénale des parts sociales, c'est-à-dire sur le prix qui pourrait en être trouvé si elles étaient mises sur le marché. Or, bien souvent, cette valeur est faible dans les sociétés de type familial ; souvent en effet, la propriété des parts dans ce type de sociétés familiales, confère des avantages en nature (ex. : faculté d'occuper un bien pendant une période de l'année). Il convient donc de ne pas faire une évaluation purement mathématique des parts sociales.

• En outre, si l'immeuble est grevé d'un passif, ce passif est déduit de l'actif pour la détermination de la valeur des parts données et de la base de calcul des droits de donation alors qu'il ne peut pas l'être dans une donation ou donation-partage portant sur l'immeuble lui-même.

➤ Acquisition d'un immeuble postérieurement à la constitution de la SCI

L'immeuble peut être acquis postérieurement à la constitution de la société civile immobilière.

Prenons un exemple : une société est constituée entre parents et enfants avec un capital de 2 000 euros. Plus de la moitié des parts sont souscrites par les enfants. Par la suite, la société achète un immeuble en nue propriété, l'usufruit étant acquis par les parents. L'acquisition est financée par les parents qui deviennent ainsi créanciers de la société.

Quels avantages faut-il attendre de ce montage ?

Si le décès des parents intervient ainsi 30 ans plus tard, on ne retrouvera plus dans leur succession qu'un nombre restreint de parts, s'ils les ont, dans l'intervalle, cédées aux enfants. Il est possible, le temps ayant passé, que l'administration fiscale ne s'interroge pas sur les conditions dans lesquelles la société est devenue propriétaire de l'immeuble.

Qui plus est, en admettant que les héritiers la déclarent, ils seront encore gagnants par rapport à une transmission normale, car seul le montant nominal de la créance sera taxé (c'est-à-dire dans l'exemple cité, la somme déboursée 30 ans avant et qui se sera considérablement dévaluée).

Les avantages fiscaux ne sont limités que par une seule notion : l'**abus de droit**. Il y a abus de droit lorsque les parties recourent au montage de la SCI dans un intérêt purement fiscal.

Dans tous les cas, il incombe à l'administration d'apporter la preuve de cet abus. Selon la Cour de cassation, la preuve ne peut résulter de la simple affirmation de l'existence d'un abus.

En revanche, il a été décidé que la constitution d'une SCI entre deux associés pour acquérir une maison et y effectuer des travaux financés sur les fonds personnels de ces derniers était inspirée par l'unique motif d'étudier ou d'atténuer les charges fiscales, les intéressés s'étant réservés la jouissance exclusive de l'immeuble (Cour administrative d'appel de Lyon, 31 juillet 1989).

Signalons également que tout contribuable a la possibilité de prévenir l'action de l'administration en mettant en œuvre la procédure de « rescrit ». Cette procédure consiste à consulter par écrit l'administration afin que celle-ci apprécie la véritable portée de l'opération. Lorsque l'administration ne répond pas dans un délai de 6 mois à compter de la demande, ce silence équivaut à une acceptation de l'opération envisagée. Le rescrit peut donc dans certains cas faire échec à la notion d'abus de droit.

➤ Avantages pour certains héritiers

La société civile immobilière peut avoir pour optique de transmettre son patrimoine.

Prenons un exemple afin de concrétiser notre affirmation. Monsieur Dupont a deux fils. Souhaitant avantager son fils aîné, François, il constitue avec lui une SCI.

François fait un apport en espèces et reçoit en contrepartie 50 parts. Le père apporte les immeubles et reçoit 950 parts. Ensuite, et par testament, le père lègue à François, l'entière quotité disponible soit 1/3 de 950 parts, soit 316 parts.

Au décès de son père, le fils recueillera au total :

316 parts de quotité disponible
\+ 316 parts pour la réserve

Ce qui, avec les 50 parts qu'il possède, lui assure la majorité de la société.

➤ Elimination d'autres héritiers

La constitution d'une SCI permet certes d'avantager certains héritiers. En sens inverse, certains autres héritiers peuvent être privés de tout pouvoir réel sur les biens.

Le Code civil permet même d'éliminer certains héritiers en faisant en sorte qu'ils n'aient aucun droit sur le ou les immeubles qui lui ont été apportés. L'article 1870 du Code civil permet ainsi d'indiquer dans les statuts que la société continuera après décès d'un associé soit avec son conjoint, soit avec un ou plusieurs des héritiers, soit avec toute autre personne désignée par les statuts ou, s'ils l'autorisent, par testament.

5. Exercer une profession dans un même local

Cette partie concerne essentiellement les professions libérales (avocats, médecins, vétérinaires, ...). Bien souvent, l'exercice en commun de la profession s'exerce sous forme de société civile de moyens (SCM) ou de société civile professionnelle (SCP).

Dans le cas où ces professionnels ont l'intention d'acquérir un local, ils ont intérêt à constituer une SCI qui sera propriétaire de l'immeuble. La SCI louera alors le local à la SCM ou à la SCP.

(Voir également aux Editions du Puits Fleuri, l'ouvrage Gérer une SCP. Gérer une SCM, de Guillaume Duprez)

6. Acheter un immeuble dans un but d'exploitation professionnelle

Il peut être judicieux de constituer une SCI familiale avec son conjoint et ses enfants majeurs. L'objet de la SCI sera d'acquérir un immeuble où s'exercera la profession de l'intéressé.

L'intérêt de la structure sera double :

- d'une part, isoler le patrimoine professionnel du patrimoine personnel,
- d'autre part, faciliter la succession lors de la mort du professionnel.

Un autre inconvénient...

La SCI ne permet pas de bénéficier de certains avantages liés à l'achat d'une maison : prêt à 0%, réductions d'impôt pour intérêts d'emprunt pour travaux, utilisation d'un plan épargne logement.

Avantages et inconvénients d'une SCI

Nous venons de constater que plusieurs cas de figure peuvent amener des personnes à songer à constituer une société civile immobilière. Mais selon la situation personnelle de chacun, la solution « SCI » peut présenter des avantages et des inconvénients. Prenons quelques exemples :

1. La SCI et le couple

Autrement dit, deux personnes, mariées ou non, ont-elles intérêt à constituer une SCI ? La question demande elle-même à être subdivisée :

➤ Le cas du mariage sous la communauté de biens

Dans une telle hypothèse, le recours à la SCI n'est pas évident.

En effet, la loi a organisé de manière minutieuse le sort qu'il convenait de réserver aux biens communs en cas de divorce ou de décès. Il est également permis d'améliorer le sort du conjoint par des systèmes tels la donation entre époux.

Dans ces conditions, le système de la SCI peut paraître superflu et sans grande utilité pratique pour les conjoints.

➤ Le cas du mariage sous la séparation de biens

La SCI peut ici avoir une utilité pratique : séparés de biens, les époux peuvent se constituer un patrimoine commun par le biais d'une société civile immobilière.

En outre, on constate bien souvent que les époux accèdent ensemble à la propriété de leur logement. Cette situation peut être inconfortable dans le cas d'union sous la séparation de biens car il s'agit alors d'une indivision. Dans cette situation, les époux peuvent donc avoir intérêt à constituer une SCI.

Dans la pratique, si deux époux décident de constituer une SCI, ils ont tout intérêt à faire rédiger les statuts par acte authentique (ou notarié), conformément aux dispositions de l'article 1832-1 paragraphe 2 du Code civil qui dit : « *Les avantages et libéralités résultant d'un contrat de société entre époux ne peuvent être annulés parce qu'ils constitueraient des donations déguisées lorsque les conditions en ont été réglées par acte authentique.* »

➤ Le cas de l'union libre

Il est impossible de se prononcer sur l'utilité d'une SCI pour des concubins. En effet, tout dépend de leur situation personnelle : revenus, enfants nés de leur union, enfants séparés, ...

Quoi qu'il en soit, la solution ne sera guère miraculeuse. En effet, en cas de séparation, les intérêts en présence seront difficilement conciliables. La constitution d'une SCI n'apporte pas d'avantages vis-à-vis de la solution d'un achat en commun.

☞ Et le divorce ?

Si les apports de la SCI proviennent de biens propres, l'époux conservera la valeur de cet apport dans son patrimoine personnel et l'autre conjoint ne pourra rien réclamer.

Si les époux sont tous deux associés, et que les apports ont été faits par des biens communs à part égale, chacun reprend tout simplement ses apports.

Si un seul des époux est associé, les parts ayant été acquises avec de l'argent commun, celui-ci devra verser la moitié de la valeur des parts au jour du partage.

2. La SCI et l'impôt sur la fortune

Est-il intéressant de morceler son patrimoine immobilier dans le cadre d'une SCI, dans le but de ne pas être touché par l'impôt de solidarité sur la fortune ?

Deux réflexions méritent d'être faites à propos d'un tel montage :

- d'abord, le fait de créer des sociétés fictives dans un seul but fiscal peut se transformer en infraction. La législation fiscale réprime en effet l'abus de droit, c'est-à-dire la création d'une entité qui n'a qu'un but exclusivement fiscal ;
- d'autre part, la sécurité juridique impose que la SCI soit constituée avec ses enfants, après que les parents aient fait une donation.

Rappelons également que les biens qui appartiennent en usufruit à une personne physique et en nue propriété à une SCI à laquelle le contribuable avait fait apport, sont imposables intégralement dans le patrimoine de l'usufruitier.

3. La SCI et la succession

Nous avons constaté précédemment que la SCI peut avoir l'avantage de faciliter la succession et d'éviter le morcellement du patrimoine.

Fiscalement, un autre avantage peut se dégager lorsque d'importants droits de successions sont a priori à payer. En effet, on constate bien souvent que la valeur des parts sociales d'une SCI est inférieure à celle obtenue lorsque l'on divise la valeur des biens immobiliers par le nombre de ces parts sociales. Cette situation aura l'avantage de réduire les droits de successions.

☞ SCI et gestion de patrimoine

On sait que la loi permet aux parents de donner 46 000 euros à chaque enfant, et ce tous les 10 ans, sans que cette somme soit fiscalisée. En cas de constitution de la SCI, les parents peuvent donc transmettre gratuitement une partie de leur patrimoine à leurs enfants.

4. Conclusion

Comme nous venons de le voir à travers ces quelques exemples, la constitution d'une SCI n'apporte pas d'avantages en tant que telle, mais elle peut, dans des conditions particulières et variées, être réellement une solution intéressante

Il convient donc de ne pas considérer la SCI comme la solution à tous les cas de figure, mais plutôt, avant toute décision, de bien suivre ces deux conseils :

- d'abord, il convient d'analyser chaque cas particulier en fonction de sa situation familiale et patrimoniale ;
- ensuite, l'aspect fiscal ne saurait être l'élément déterminant pour la constitution d'une SCI.

Comment constituer une SCI ?

1. La rédaction des statuts

➤ Forme des statuts

Selon les termes de l'article 1835 du Code civil, les statuts de la société doivent être établis par écrit. Tous les associés doivent signer le contrat soit directement soit par un mandataire disposant d'un pouvoir spécial.

Les mentions que doivent comporter les statuts ne sont pas nombreuses : apports de chaque associé, forme de la société, son objet, son appellation, son siège social, le montant du capital social, la durée de la société et les règles de son fonctionnement.

La forme de cet écrit notarié (authentique) ou sous seing privé est laissée à la libre appréciation des associés. Ces derniers peuvent donc rédiger eux-mêmes les statuts, se servir de modèles ou encore faire appel à des professionnels (avocats, notaires, ...).

Toutefois, dans un certain nombre de cas précis, le recours au notaire est conseillé. Il en est ainsi :

- lorsque la société comprend une personne et un ou plusieurs de ses héritiers présomptifs ; en effet, si les statuts ont été faits par acte sous seing privé, les autres enfants peuvent, lors du décès du père, exiger de celui qui est associé la restitution de la part des bénéfices qu'il a retirée du contrat de société passé avec le défunt (Code civil, article 854) ;

- lorsque la société comprend deux époux ; dans ce cas, les avantages et libéralités d'un contrat de société entre époux ne peuvent être regardés comme des donations déguisées lorsque le contrat a été passé par acte authentique (Code civil, article 1832-1, alinéa 2).

Enfin, l'acte authentique est obligatoire pour les besoins de la publicité foncière lorsqu'il y a apport d'un immeuble ou de droits immobiliers.

Dans tous les cas, il convient d'être particulièrement vigilant sur la rédaction des statuts. Une bonne rédaction du contrat de société permet d'éviter des difficultés ultérieures, tant civiles que fiscales.

➤ Objet de la société

La société civile immobilière est un groupement de personnes, formé pour acquérir et posséder un ou plusieurs biens immobiliers. La société civile immobilière ne doit avoir pour objet que des opérations civiles.

A contrario, la SCI ne peut avoir pour objet aucune opération commerciale. Sont notamment considérées comme activités commerciales :

- tout achat d'immeubles aux fins de les revendre, à moins que l'acquéreur ait agi en vue d'édifier un ou plusieurs bâtiments et de les vendre en bloc ou par locaux ;
- toute entreprise de location de meubles.

Ainsi, si l'objet de la société est l'achat d'immeubles en vue de les revendre, elle ne peut adopter la forme civile.

En revanche, la SCI peut acheter un terrain pour y construire un immeuble, puis le revendre. En effet, l'interposition d'une opération de construction entre l'achat et la revente fait échapper l'activité au secteur commercial.

Les conséquences de l'exercice d'activités commerciales sont rigoureuses. Elles sont les suivantes :

- au plan juridique : traitement de la société en une société en nom collectif (avec responsabilité solidaire des associés), dommages-intérêts à la charge des gérants voire des associés à l'égard de toute personne ayant subi un préjudice (Code civil, article 1382), enfin, condamnation possible pour infraction à la loi sur les sociétés commerciales ;
- au plan fiscal : assujettissement de la SCI à l'impôt sur les sociétés.

➤ Durée de la société

Une SCI peut être constituée pour une durée maximale de 99 ans.

Le décès d'un associé ne constitue pas une cause de dissolution de la société qui continue avec les autres associés ou avec les héritiers du défunt. Mais diverses autres causes peuvent mettre fin à la vie de la société :

- dissolution anticipée pour justes motifs (inexécution par un associé de ses obligations, mésentente entre associés - Code civil, article 1844-7) ;
- dissolution aux conditions de majorité prévues aux statuts et, à défaut à l'unanimité ;
- dissolution suite à la révocation du gérant, si les statuts le prévoient.

En revanche, la réunion de toutes les parts en une seule main n'entraîne pas la dissolution de la SCI. Tout intéressé peut cependant demander la dissolution si la situation n'a pas été régularisée dans le délai d'un an (Code civil, article 1844-5).

➤ Associés de la société

La SCI doit comporter au moins deux associés. En revanche, aucune limite maximale d'associés n'a été fixée par les textes.

En outre, plusieurs questions peuvent se poser sur la qualité d'associé de SCI.

• Une personne morale peut-elle être associée de SCI ?

La réponse ici est assurément positive : une SCI peut comprendre parmi ses membres une ou plusieurs sociétés, même de fortune commerciale.

• Un enfant mineur peut-il être associé de SCI ?

On sait que le Code de commerce prohibe au mineur tout engagement dès lors qu'il lui confère la qualité de commerçant. Or, toute activité commerciale étant prohibée à la SCI, il est clair qu'un mineur peut être associé à une SCI.

Toutefois, si ce mineur n'est pas émancipé, il devra être représenté par son administrateur légal ou son tuteur et l'apport devra être autorisé au préalable par le juge des tutelles.

☞ Remarque !

De l'intérêt d'enfants mineurs dans le capital de la SCI

Nous avons vu qu'un enfant mineur pouvait être associé au sein d'une SCI. Il peut même être ajouté qu'il y a un réel intérêt de faire participer le mineur le plus rapidemment possible au capital de la société. En effet, c'est à partir de l'acquisition des parts qu'est décompté le délai de 22 ans au delà duquel la plus-value immobilière réalisée en cas de revente des parts sociales est exonérée d'impôts.

- **Deux époux peuvent-ils être associés de SCI ?**

Les SCI entre époux sont permises sans réserve, que les époux y participent seuls ou avec d'autres et dans une totale égalité de traitement entre l'homme et la femme.

➤ Les apports

Toute création de SCI implique de la part des associés l'obligation d'effectuer des apports. Le défaut d'apport ou l'apport fictif peut entraîner la nullité de la société.

Les apports peuvent être de trois sortes :

- **Les apports en numéraire**

C'est le mode le plus courant de réalisation des apports. Il consiste dans l'apport d'argent.

Toutefois, l'apport en numéraire peut être fait à une SCI sans que l'apporteur dispose de fonds correspondant au capital annoncé. Il faut savoir en effet que dans les SCI, les associés sont personnellement responsables du paiement des dettes sociales. Le législateur n'exige donc pas un versement effectif et immédiat des sommes. L'associé s'engage uniquement à verser une somme dont les modalités d'exécution sont fixées dans les statuts.

Pratiquement, on peut donc prévoir que les sommes seront libérées ultérieurement à la demande du gérant.

Le capital peut-il être variable ?

Les articles L 231-1 à L231-8 du Code de commerce sont applicables aux SCI. Il suffit de libérer 20% du capital en numéraire pour constituer la société. Le reste devra être libéré dans le délai de 5 ans.

- **Les apports en nature**

Il peut s'agir d'apport d'un immeuble, de matériel, de mobilier... Cet apport peut revêtir plusieurs formes.

Il peut d'abord être fait en **pleine propriété** ; dans ce cas, la société devient immédiatement propriétaire du bien apporté.

Il peut également être fait en **nue-propriété** ou en **usufruit** ; la seule difficulté dans ces hypothèses est l'évaluation de ces apports parce qu'il n'y a aucune méthode officielle à laquelle on puisse se référer.

Certes, il existe un barème fiscal qui fait dépendre la valeur de l'usufruit de l'âge de l'usufruitier et l'évalue forfaitairement à un pourcentage de la valeur de la pleine propriété (Code général des impôts, article 762-1). Toutefois, ce barème ne s'impose que dans les transmissions à titre gratuit pour fixer la base de calcul des droits de succession et de donation.

La valeur de l'usufruit ou de la nue-propriété peut donc être arrêtée librement. Il n'empêche que cette liberté est limitée par des dispositions du Code civil et du Code général des impôts : ainsi, selon l'article 619 du Code civil, lorsque le propriétaire d'un immeuble fait apport de l'usufruit à une société, l'usufruit ne peut excéder 30 ans ; de même, selon l'article 762-II du Code général des impôts, l'usufruit constitué pour une durée fixe est estimé aux deux dixièmes de la valeur de la propriété entière pour chaque période de 10 ans de la durée de l'usufruit, sans fraction et sans égard à l'âge de l'usufruitier.

- **Les apports en industrie**

Ils sont en pratique fort rares. Ils consistent pour un associé à mettre à disposition de la société ses connaissances techniques, son travail, ses relations, ses services, son crédit.

Toutefois, le Code civil prévoit une limitation à ce type d'apport : il ne concourt pas à la formation du capital social mais donne en revanche droit aux bénéfices pendant le cours de la vie sociale et à une part de l'actif net lors de la liquidation de la société (Code civil, article 1845-1).

- **Un époux peut-il librement apporter un bien ?**

Tout dépend s'il s'agit d'un bien propre ou d'un bien commun. D'une manière générale, sur ce point, l'avis du notaire est indispensable. S'il s'agit du logement familial ou des meubles qui le garnissent, l'accord du conjoint est nécessaire (Code civil, article 215). Ce même accord est nécessaire dans l'hypothèse d'apport d'immeuble, de fonds de commerce ou de parts de sociétés qui dépendent de la communauté (Code civil, article 1422).

➤ Le capital social

Le capital social est composé de l'ensemble des apports en numéraire et en nature.

La loi ne fixe aucun capital minimum. C'est ainsi que certains associés de SCI sont parfois tentés, pour payer moins de droits d'enregistrement, de constituer un faible capital, sans rapport avec l'opération envisagée ; les associés versent alors les sommes nécessaires au paiement du prix de l'immeuble ainsi qu'aux frais de l'acquisition en compte courant. Dans un tel cas, l'administration fiscale s'est reconnue le droit de considérer ces versements en comptes courants comme de véritables apports et de les taxer comme tels. Il est donc préférable de fixer le capital en rapport avec l'opération envisagée.

➤ Les clauses d'agrément

Selon l'article 1861 du Code civil, les parts sociales ne peuvent être cédées qu'avec l'agrément de tous les associés. Cette restriction peut se comprendre, du fait du caractère très personnel de la société civile. Ce principe d'unanimité comporte des exceptions en faveur des ascendants et des descendants.

On conçoit aisément la difficulté de cette unanimité : pratiquement, il suffirait de la mauvaise volonté d'un seul des associés pour entraver une cession de parts sociales.

Sans doute est-ce la raison pour laquelle le législateur permet des aménagements conventionnels au principe énoncé par l'article 1861 du Code civil. Ainsi, les statuts peuvent donc stipuler :

- que seront dispensées d'agrément les cessions au profit d'un associé ou du conjoint de l'un d'eux ;
- en sens inverse, que les cessions consenties aux ascendants (père et mère) ou descendants (enfant, petit-enfant) du cédant seront soumises à agrément, que ces personnes soient ou non associées ;
- que l'agrément sera obtenu à une majorité déterminée par les statuts ou même encore accordé par le gérant. Cette dernière possibilité est peu dangereuse lorsque le gérant est en même temps le principal associé détenteur de la majorité du capital social.

Dans le cas de refus d'agrément, les associés devront soit dissoudre la société soit racheter ou faire racheter les parts du cédant dans un délai de 6 mois à compter du projet de cession (Code civil, article 1863). Les statuts peuvent modifier ce délai sans, toutefois, que celui-ci soit supérieur à 1 an, ni inférieur à 1 mois (Code civil, article 1864).

Si la liberté contractuelle existe donc, elle ne saurait cependant être totale. En effet, les statuts ne peuvent pas dispenser d'agrément les cessions au profit d'une personne n'ayant ni la qualité d'associé ou de conjoint d'associé, ni celle d'ascendant ou de descendant du cédant ; de la même manière, les statuts ne peuvent qu'allonger ou raccourcir le délai de réponse susvisé que dans les limites indiquées ci-dessus.

Ces restrictions semblent pour le moins logiques ; en effet, la personnalité des associés est un élément déterminant de la société civile, en raison notamment de la responsabilité indéfinie vis-à-vis des tiers.

Les cessions de parts se font par acte sous seing privé (le ministère d'un notaire n'est pas une obligation). Des formalités particulières sont nécessaires et prévues par la loi (Code civil, article 1865, article 52 du décret du 3 juillet 1978) ou par le contrat de société.

➤ Retrait d'un associé

Selon l'article 1869 du Code civil, un associé peut se retirer de la SCI s'il a l'autorisation des autres associés dans les conditions de majorité prévues par les statuts. Il appartient donc aux statuts de prévoir le plus clairement possible ces conditions (période, durée de préavis, ...).

Si la majorité requise n'est pas réunie, l'associé sera dans l'obligation de saisir le tribunal qui autorisera le retrait s'il est justifié. L'associé qui se retire a droit au remboursement de la valeur de ses parts ou peut obtenir la restitution de ses apports en nature.

Attention !

Les cessions de parts sont obligatoirement soumises à la formalité de l'enregistrement dans le délai d'un mois à compter de l'acte et au taux de 4,80%.

➤ Et le décès d'un associé

La SCI n'est pas une société de personnes. Le décès d'un associé ne met donc pas fin à la société. Au décès de l'associé, la SCI continue donc avec les héritiers ou légataires de celui-ci sauf... si les statuts prévoient que la mort d'un associé entraîne la dissolution de la société.

☞ Réunion des parts en une seule main

La réunion des parts sociales en une seule main n'entraîne pas automatiquement la dissolution de la SCI mais, l'associé unique dispose d'une année pour trouver un nouvel associé ou pour dissoudre et liquider la société.

Le décès d'un associé n'entraîne pas la dissolution de la SCI. Elle continue avec les héritiers et légataires du défunt sauf dispositions statutaires contraires.

➤ Les clauses relatives à l'administration de la société

Il appartient aux statuts de fixer les règles relatives à l'organisation de la gérance et de l'assemblée générale.

La collectivité des associés est souveraine. Elle exerce les pouvoirs qui ne sont pas attribués aux gérants et ses décisions s'imposent aux associés. Cependant, dans le silence de la loi, il appartient aux statuts de régler certaines modalités des décisions collectives.

2. Les formalités de publicité

Ces formalités s'inspirent fortement de celles imposées aux sociétés commerciales.

➤ Enregistrement

Les statuts doivent normalement être enregistrés dans le délai d'un mois à compter de la date de leur signature.

Toutefois, les modalités de réalisation et le coût de cet enregistrement varient selon que l'acte est authentique ou sous seing privé, et selon que les apports ont été faits en nature ou en numéraire. Ainsi, lorsque les apports sont exclusivement composés d'immeubles, l'acte est soumis à la formalité « fusionnée » à la conservation des hypothèques dans le ressort de laquelle se trouvent les immeubles. Cette formalité qui se substitue à l'enregistrement doit être effectuée dans le délai de 2 mois.

Dans les autres hypothèses, la recette des impôts normalement compétente pour l'accomplissement de l'enregistrement est celle du siège de la société, qui peut être situé au domicile de l'un des associés.

Quand il y a présentation d'un acte sous seing privé constatant uniquement des apports en numéraire, la recette des impôts perçoit à la fois le droit d'enregistrement et le droit de timbre en fonction du nombre de pages.

Au minimum 4 originaux doivent être enregistrés : un pour être conservé au siège de la société, un destiné à être conservé par la recette des impôts et deux pour les formalités d'immatriculation. Les exemplaires des statuts remis aux associés peuvent être des copies certifiées conformes.

➤ Insertion dans un journal d'annonces légales

Une publication d'un avis dans un journal d'annonces légales doit être effectuée. Cette insertion est signée par le notaire qui a reçu l'acte de société ou au rang des minutes duquel l'acte a été déposé. Dans les autres cas, il est signé par « l'un des fondateurs ou des premiers associés ayant reçu un pouvoir spécial à cet effet ».

L'insertion doit être publiée dans un journal habilité du département du siège de la société. Elle doit en outre comporter un certain nombre de mentions prévues par l'article 22 du décret du 3 juillet 1978.

Le coût de cette formalité est variable. Il dépend du nombre de lignes utilisées.

➤ Transmission du dossier au greffe

Les textes obligent au dépôt du dossier d'immatriculation au greffe du tribunal de commerce.

La liste des pièces que doit fournir le demandeur est précisée par l'annexe de l'arrêté du 9 février 1988 relatif au registre du commerce et des sociétés.

Selon cette annexe, une demande d'immatriculation n'est complète que si elle s'accompagne :

- du dépôt de deux exemplaires des statuts ;
- de la remise d'une copie de la demande d'insertion de l'avis de constitution dans un journal d'annonces légales ;
- d'un extrait d'acte de naissance relatif à la personne du ou des gérants, ce document pouvant être substi-

tué par une fiche d'état civil, une copie de la carte d'identité ou du passeport accompagnée d'une déclaration de l'intéressé faisant connaître sa filiation si celle-ci ne figure pas sur les documents fournis.

Les étrangers nommés gérants doivent, au même titre que les gérants français, établir leur état civil. En revanche, il n'est pas nécessaire, notamment pour les étrangers qui peuvent accéder librement au capital des SCI, de produire un document justifiant de leur nationalité, ni un titre de séjour s'ils n'envisagent pas de s'établir en France.

Selon les termes de l'article 26 du décret du 30 mai 1984, une demande d'immatriculation peut être présentée sur la base d'un dossier incomplet mais sous réserve d'obtenir de la part du juge chargé de la surveillance du registre du commerce une dispense de produire une pièce.

Une fois saisi de la demande, le greffier dispose d'un délai de 5 jours ouvrables pour manifester son refus. A défaut de réponse dans ce délai, l'immatriculation est réputée acquise et le greffier est dans l'obligation de procéder à l'inscription de la société (article 31 du décret du 30 mai 1984). La formule d'immatriculation est délivrée par le greffe.

La société civile doit indiquer en tête de ses factures, notes de commande, ainsi que toute correspondance, le siège du tribunal duquel elle est immatriculée ainsi que le numéro qu'elle a reçu. A défaut, elle pourrait être passible d'une amende.

➤ Modification pour les SCI anciennes

Les SCI qui ont été constituées avant le 1er juillet 1978 ont conservé la personnalité morale sans avoir l'obligation de s'immatriculer au RCS.

La loi sur les nouvelles régulations économiques du 15 mai 2001 abroge cette disposition à compter du 1er novembre 2002. Les SCI devaient donc procéder avant cette date à leur immatriculation ; faute de quoi elles perdaient leur personnalité morale et étaient assimilées à des sociétés de participation.

➤ Publication au BODAC

Dans le délai de 8 jours à compter de l'immatriculation, de la société, le greffier du tribunal de commerce se doit de faire paraître dans le Bulletin Officiel des Annonces Civiles Commerciales (BODAC), un avis contenant les caractéristiques de la société.

La vie de la société

1. La gérance

➤ Généralités

Plusieurs articles du Code civil réglementent la situation du gérant.

D'abord, il est clair que la SCI doit être gérée par une ou plusieurs personnes choisies parmi les associés ou en dehors d'eux (Code civil, article 1846). Si le gérant possède des parts dans la société, il est dit gérant associé ; s'il ne possède aucune part, il est dit gérant non associé.

En outre, une personne morale peut être nommée gérante au même titre qu'une personne physique. La loi n'apporte aucune restriction à ce sujet.

Faute de gérant, tout associé pourrait demander au tribunal de grande instance la désignation d'un mandataire chargé de réunir les associés en vue de procéder à l'élection (Code civil, article 1846, dernier alinéa).

En outre, quand la société n'a disposé d'aucun gérant à sa tête depuis plus d'un an, le tribunal peut prononcer la dissolution anticipée de la société, à la demande de tout intéressé, associé ou non.

Si la loi insiste sur l'obligation de disposer d'un gérant, en revanche, elle se garde bien d'en limiter le nombre. Ainsi, tous les associés peuvent être nommés gérants.

➤ Nomination des gérants

Dans la majorité des cas, les premiers gérants sont nommés dans les statuts. Ces mêmes statuts fixent généralement le mode de désignation du gérant que ce soit selon une majorité précise ou encore à l'unanimité des associés.

A défaut de disposition particulière dans les statuts, l'article 1846, alinéa 3 du Code civil prévoit que le gérant est nommé par une décision des associés représentant plus de la moitié des parts sociales.

➤ Durée des fonctions

Deux possibilités sont ici laissées par le législateur :

- soit les statuts de la société ne prévoient rien et dans ce cas, l'article 1846, alinéa 4, du Code civil stipule que le ou les gérants sont nommés pour la durée de la société ;
- soit les statuts se sont chargés de réglementer la question et dans cette hypothèse, il convient de se référer à ses dispositions : ils peuvent ainsi prévoir que le gérant sera nommé sans limitation de durée ou encore que cette dernière sera fixée ultérieurement par la décision portant nomination.

➤ Révocation des gérants

Nous avons vu ci-dessus que faute de disposition statutaire, le gérant était nommé par une décision des associés représentant plus de la moitié des parts sociales (Code civil, article 1846, alinéa 3). Par parallélisme, le gérant peut être révoqué par une décision des associés représentant plus de la moitié des parts sociales (Code civil, article 1851).

Toutefois, comme pour la nomination, les statuts peuvent prévoir une majorité différente pour la révocation. Ainsi, rien n'interdit de subordonner la révocation du gérant à une décision unanime des associés. D'autre part, aucune disposition ne prohibe à un associé de participer au vote des décisions le concernant.

Il est cependant évident que de telles clauses seraient de nature à conférer l'inamovibilité au gérant. Ce dernier ne pourrait en aucun cas se voir révoqué si ce n'est judiciairement et « pour cause légitime » (Code civil, article 185-1, alinéa 2).

• Le gérant peut-il obtenir des dommages-intérêts en cas de révocation injustifiée ?

Le principe est que la révocation doit reposer sur des justes motifs, c'est-à-dire sur des fautes suffisamment importantes pour permettre la rupture du mandat.

Ces faits doivent être imputés au gérant. En aucun cas, la révocation ne pourrait être justifiée par un seul changement de majorité d'associés.

En l'absence de juste motif, le gérant peut engager une action en dommages-intérêts contre la société.

Si en outre, cette révocation est faite dans des conditions de nature à porter atteinte à son honneur, le gérant pourra demander la réparation de ce préjudice distinct.

➤ Démission

Le gérant a la liberté de démissionner de ses fonctions de direction de la société. Sa démission peut être accompagnée d'un préavis afin de faire la jonction avec le nouveau gérant de la société.

Si sa démission porte préjudice à la société, le gérant s'expose alors à des dommages-intérêts envers cette dernière. Il en serait ainsi d'une brusque démission, sans délai, laissant la société sans direction et donc sans possibilité de réunir les associés.

➤ Pouvoirs des gérants

• Pouvoirs vis-à-vis des tiers

Selon l'article 1849 du Code civil : « *le gérant engage la société par les actes entrant dans l'objet social... les clauses statutaires limitant les pouvoirs du gérant sont inopposables aux tiers* ». Et lorsque la société a plusieurs gérants, chacun possède le pouvoir d'engager seul la société par les actes entrant dans l'objet social.

Cette règle générale ne connaît qu'une restriction dans le cas où la société peut prouver que le tiers contractant avait connaissance de l'opposition formée à cet acte par un autre gérant. Cette situation est identique dans les sociétés en nom collectif.

Que faut-il entendre par acte n'entrant pas dans l'objet social ? A titre indicatif, les actes de commerce commis à titre répétitif tels que des achats d'immeubles dans le but de les revendre, ne sauraient entrer dans le cadre de l'objet social (Code de commerce, article 632).

- **Pouvoirs vis-à-vis des associés**

Vis-à-vis des associés, la situation est beaucoup plus simple. Le Code civil laisse en effet la liberté totale aux associés de déterminer dans les statuts les actes que le gérant peut accomplir seul et, au contraire, ceux pour lesquels il aura besoin de l'autorisation des associés.

Cependant, le législateur a prévu le cas de l'absence de dispositions sur ce point ; dans cette hypothèse, selon l'article 1848, alinéa 1 du Code civil « *le gérant peut accomplir tous les actes de gestion que demande l'intérêt de la société* ». A contrario donc, tous les actes de gestion non dictés par l'intérêt de la société requièrent une décision collective des associés.

- **Un gérant peut-il déléguer ses pouvoirs ?**

La réponse à cette question est positive sauf disposition des statuts interdisant la délégation.

Toutefois, en l'espèce, la délégation générale n'est pas admise. Seule est possible la délégation qui respecte les éventuelles limitations statutaires.

2. Les droits des associés

On sait que, en contrepartie de leur apport, les associés reçoivent des parts sociales. Ces parts leur donnent le droit de participer à la vie de la société. Concrètement, cette participation peut se matérialiser de plusieurs manières.

➤ Droit de participer aux décisions

Nous avons vu qu'il appartenait aux statuts de déterminer les actes que le gérant pouvait faire seul et ceux pour lesquels il avait besoin de l'autorisation des associés.

Dans ce dernier cas, l'associé manifestera son opinion par son droit de vote. Son droit sera équivalent au nombre de parts qu'il dispose dans la société. Ainsi, si un associé dispose de 25% du capital dans une SCI, son droit de vote sera attaché à 25% du total des parts. Selon l'article 1844, alinéa 1, du Code civil, le droit de vote ne peut être ni retiré, ni réduit.

• La consultation écrite des associés est-elle possible ?

Cette consultation peut être prévue par les statuts. Dans cette hypothèse, le gérant adresse aux associés en lettre recommandée avec accusé de réception, le texte des résolutions proposées et les documents nécessaires à la prise des décisions.

Il appartient alors aux associés de retourner leur vote dans un bref délai (généralement 15 jours).

➤ Droit d'information et de contrôle

Ce droit a été étendu depuis 1978. Le législateur a ainsi voulu que les associés, même minoritaires, puissent participer de manière concrète à la vie de la société.

Pratiquement, l'article 1855 du Code civil prévoit que les associés peuvent exercer un contrôle une fois par an en se faisant communiquer les documents sociaux et en posant des questions.

Analysons séparément ces deux obligations.

- **Communication des documents sociaux**

Que faut-il entendre par « documents sociaux » : il s'agit de tous les livres, les contrats, les factures, les correspondances, les procès-verbaux et plus généralement tout document établi par la société ou reçu par elle.

Le droit de transmission de ces documents doit cependant être interprété restrictivement :

- d'abord, selon l'article 48 du décret du 3 juillet 1978, il doit s'exercer au siège de la société, l'associé étant dans l'interdiction d'emporter les documents chez lui pour les analyser ;
- ensuite, le droit de communication ne peut concerner que l'associé lui-même et non par exemple un mandataire désigné par lui, tel un expert. Il peut cependant se faire assister d'un expert choisi parmi les experts agréés par la Cour de cassation ou les experts près d'une Cour d'appel (décret du 3 juillet 1978, article 48).

- **Droit de poser des questions**

Quant à ce droit, il est prévu par l'article 1855 du Code civil une fois l'an. Le gérant est alors tenu de répondre dans le délai d'un mois et par écrit.

Bien entendu, les statuts peuvent toujours améliorer cette situation en instaurant par exemple une faculté de poser des questions plusieurs fois par an.

➤ Droit de désigner les gérants et de les révoquer

Il entre dans les prérogatives des associés de désigner le ou les gérants et en cas de besoin, de les révoquer, si de justes motifs l'exigent.

➤ Droit de défendre l'intérêt de la société

Ce droit peut se concrétiser de deux manières le droit de mener des actions judiciaires ou encore le droit de modifier les statuts.

Les associés peuvent exercer certaines actions en justice et notamment :

- action en révocation contre le gérant,
- action en réparation d'une faute commise par le gérant,
- action en dissolution de la société,
- action pour obtenir la nomination d'un administrateur provisoire chargé de la gérance en cas de difficultés graves (ex. : mésentente entre gérant et associés empêchant le fonctionnement régulier de la société).

Quant à la modification des statuts, elle est expressément prévue par l'article 1836, alinéa 1, du Code civil. Selon cet article, et faute de disposition statutaire différente, l'unanimité est requise.

➤ Droit de participer aux bénéfices et à l'économie de la société

Ce droit de participation résulte de l'article 1832 du Code civil. La société est un contrat par lequel deux ou plusieurs personnes conviennent de mettre quelque chose en commun dans la vue de partager le bénéfice ou de profiter de l'économie qui pourra en résulter.

Selon l'article 1844-1 du Code civil, cette répartition s'effectue en fonction de la part de chaque associé dans le capital social. Toutefois, nous avons déjà vu, que par exception, l'apporteur en industrie avait une participation égale à celle du plus faible apport en numéraire ou en nature.

Cependant, il peut être dérogé à ces règles de manière statutaire. Ainsi, les statuts pourraient très bien prévoir une répartition égalitaire entre les associés malgré l'inégalité des apports ou encore le droit pour certains associés à un premier dividende.

La seule restriction à cette liberté statutaire est la clause léonine, c'est-à-dire celle qui attribuerait à un associé la totalité des bénéfices ou qui l'exonérerait de toute contribution aux pertes. En effet, l'article 1844-1 du Code civil prohibe de telles clauses, tout en précisant qu'elles sont réputées non écrites ; pratiquement donc, seules ces clauses sont sans valeur mais ne remettent pas en cause la validité de la société.

En outre, il serait vain de croire que si la société fait des bénéfices, ces derniers doivent être distribués chaque année. En effet, ils peuvent très bien n'être distribués qu'après plusieurs exercices ou encore quand ils auront atteint une certaine somme. Qui plus est, les statuts peuvent prévoir, comme c'est d'ailleurs le cas fréquemment, l'obligation de constituer des réserves ou des provisions.

Toutefois, il est clair qu'à la dissolution de la société, chaque associé pourra prétendre non seulement au remboursement de son apport mais encore éventuellement à une part du boni de liquidation.

➤ Droit de se retirer de la société

Les associés doivent avoir la faculté de quitter la SCI ou de céder leurs parts. Le Code civil comporte plusieurs dispositions en ce sens.

D'abord, l'article 1869, alinéa 1, du Code civil prévoit effectivement que tout associé a le droit de se retirer de la société sous certaines conditions de majorité prévues par les statuts. Dans le silence du pacte social, l'unanimité est la règle. Si les conditions de majorité ou d'unanimité ne sont pas requises, l'associé sera obligé de saisir le tribunal qui autorisera le retrait s'il est justifié.

L'associé qui se retire a droit au remboursement de la valeur de ses parts ou peut obtenir la restitution de ses apports en nature (Code civil, article 1869, alinéa 2).

Cette valeur est fixée par accord amiable ou à défaut par expert. Cet expert est désigné soit par les parties soit, en l'absence d'accord, par ordonnance du président du tribunal de grande instance statuant en référé (Code civil, article 1843-4).

D'autre part, l'associé peut souhaiter céder ses parts sociales à ses coassociés ou à des tiers. Dans ce cas, il doit notifier son projet à ses coassociés. Ces derniers peuvent refuser de donner leur agrément à la cession projetée, mais ils ne peuvent pas empêcher le cédant de sortir de la SCI. Ils doivent donc racheter ses parts ou les faire acquérir par une personne de leur choix (Code civil, article 1862).

Si aucune offre de rachat n'a été faite au cédant dans les 6 mois à compter de la notification de son projet de cession, l'agrément est réputé donné.

En cas de désaccord sur le prix offert par les autres associés, il doit être fixé par un expert désigné par les parties ou par le juge statuant en référé.

3. Obligations des associés

Celles-ci peuvent être divisées en deux : d'une part les obligations à l'égard de la société, d'autre part, celles à l'égard des tiers.

➤ Obligations vis-à-vis de la société

De manière générale, il convient ici de se référer aux dispositions du Code civil. Conformément aux termes de l'article 1843-3, l'associé est débiteur envers la société de tout ce qu'il a promis de lui apporter en nature, en numéraire ou en industrie.

• Apports en nature

En ce qui concerne les apports en nature, deux principes les gouvernent :

- d'abord, l'apporteur selon les articles 1604 et 1624 du Code civil est tenu d'une obligation de délivrance. Il doit ainsi apporter le bien sans aucun privilège ou hypothèque (sauf stipulation contraire) ;
- ensuite, l'apporteur doit garantir la société contre toute éviction et notamment contre les vices cachés du bien apporté conformément aux articles 1625 à 1648 du Code civil.

Nous avons également vu que l'apport en nature peut ne comporter que la jouissance du bien (usus et fructus), l'apporteur conservant le droit de propriété (abusus). Dans cette hypothèse, l'apporteur se doit simplement de délivrer le bien, l'entretenir en bon état et enfin, en faire jouir paisiblement la société pendant la durée convenue.

- **Apports en numéraire**

Quant aux apports en numéraire, la situation est beaucoup plus simple. L'apporteur se doit de verser les sommes promises à la date convenue. Cette date peut être prévue par les statuts. A défaut de précision dans le pacte social, l'apport sera exigible dès la constitution de la société.

- **Apports en industrie**

Enfin, en ce qui concerne les apports en industrie, il appartient à l'associé selon l'article 1813-3 du Code civil de rendre compte à la société des gains qu'il a réalisés pour l'activité faisant l'objet de son apport.

L'inexécution des obligations auxquelles l'associé s'est engagé comporte deux conséquences :

- en premier lieu, l'associé doit à la société des intérêts au taux légal à compter du jour où aurait dû avoir lieu le versement (Code civil, article 1843-3) ;
- en deuxième lieu, cette inexécution est un juste motif de dissolution judiciaire de la société (Code civil, article 1844-7-5). Bien entendu, l'associé peut être condamné à des dommages-intérêts s'il y a lieu.

Enfin, si nous avons noté que la participation de l'associé à une société impliquait naturellement une participation aux bénéfices et à l'économie de la société (Code civil, article 1832), en sens inverse, l'associé en cas de déficit doit participer aux pertes.

Cette répartition des pertes entre les associés s'effectue selon les mêmes règles que la répartition des bénéfices. Sauf clause contraire des statuts, la répartition s'effectuera proportionnellement aux parts de chaque associé.

➤ Obligations vis-à-vis des tiers

Ces obligations sont réglées par l'article 1857 du Code civil : « *à l'égard des tiers, les associés répondent indéfiniment des dettes sociales à proportion de leur part dans le capital social à la date de l'exigibilité ou au jour de la cessation des paiements* ».

Cette affirmation mérite cinq explications :

- D'abord, les associés répondent indéfiniment des dettes de la société et ce, par opposition aux associés de SARL ou aux actionnaires de sociétés anonymes. Ce qui veut dire en clair que les associés d'une SCI répondent des dettes de la société sur leur patrimoine personnel. Les créanciers de la société peuvent donc saisir tous les biens des associés.

- Chaque associé répond en proportion de sa part dans le capital social. Ainsi, les créanciers doivent obligatoirement diviser leur recours et ne réclamer à un associé déterminé qu'une partie de la créance correspondant à sa part dans le capital social. Si, par exemple, un associé détient 30% du capital social, il doit payer 30% du passif social.

- Les associés d'une SCI ne sont pas tenus solidairement des dettes, ce qui permettrait aux créanciers de poursuivre n'importe quel associé pour la totalité de sa créance. Cependant, rien n'interdit aux associés de SCI de s'engager solidairement envers un créancier de la SCI. Pratiquement, ces derniers se portent fréquemment cautions solidaires des engagements de la société.

- La responsabilité des associés est subsidiaire. Les créanciers de la société ne peuvent donc poursuivre le paiement des dettes à l'encontre d'un associé qu'après avoir préalablement et vainement poursuivi la société (Code civil, article 1858). Cela signifie que le créancier doit avoir exercé contre la société toutes les actions en justice et avoir procédé à l'exécution du jugement (en faisant une saisine).

- Enfin, les actions contre les associés non liquidateurs, leurs héritiers et ayants cause, se prescrivent par cinq ans à compter de la date de la publication de la dissolution de la société.

4. Obligation de tenir une comptabilité

Certes, si on veut être « puriste », seules les SCI faisant appel public à l'épargne ou les SCI dépassant un certain chiffre d'affaires (1 524 490 euros ou 10 millions de francs) ou ayant un certain effectif (50 salariés) sont obligées de tenir une comptabilité.

Cependant, il convient de tenir compte des trois éléments suivants :

- d'abord l'obligation d'une comptabilité peut être imposée par les statuts de la SCI et ce quels que soient sa taille et son chiffre d'affaires ;

- ensuite, le Code civil prévoit que les gérants doivent, au moins une fois dans l'année, rendre compte de leur gestion aux associés, or comment rendre compte de cette gestion si ce n'est par la tenue d'une comptabilité ;
- enfin, vis-à-vis des administrations fiscales et sociales, il est clair que les dirigeants de SCI ont intérêt à fournir des éléments comptables.

En l'absence de réglementation particulière, le gérant de la SCI aura toute liberté pour l'établissement de sa comptabilité.

On peut donc concevoir une comptabilité très simple par recettes et dépenses.

On peut admettre également une comptabilité plus élaborée, établie en partie double, chaque opération faisant l'objet de deux écritures, l'une au débit, l'autre au crédit, qui s'équilibrent.

Signalons enfin que les documents comptables doivent être conservés pendant 6 ans à compter de la dernière opération mentionnée. Cependant, on constate en pratique qu'il y a intérêt à conserver l'ensemble des documents pendant toute la durée de vie de la société.

5. Obligations sociales

➤ Obligations des associés en matière de sécurité sociale

On sait que la loi n°78 9 du 4 janvier 1978 a assimilé la situation des associés de sociétés civiles à celle des associés de Sociétés en Nom Collectif (SNC). Cela veut dire en clair qu'ils sont normalement assujettis au régime d'assurances maladie-maternité et vieillesse et au paiement de la cotisation d'allocations familiales des travailleurs non-salariés.

Toutefois, il convient de distinguer plusieurs situations :

- **S'agissant d'une société civile immobilière de construction-vente**

La chambre sociale de la Cour de cassation a, dans ce cas, décidé que les associés ne relevaient pas des régimes sociaux des travailleurs non-salariés tant que l'on ne puisse prouver une participation effective à la gestion et au contrôle de la société (Cass. Soc. juin 1995. Bull. civ. V, n°193).

En fait, ce dernier arrêt est important pour deux raisons. D'abord, parce qu'il fait primer la notion d'activité. Le simple associé porteur de parts sociales ne pourra donc pas se voir réclamer des cotisations de sécurité sociale au simple titre de sa qualité d'associé. Ensuite parce qu'il rompt l'harmonie qui existait auparavant avec la position fiscale. En effet, le traitement social des revenus dépendait auparavant de leur qualification fiscale. Ce n'est désormais plus le cas.

Qu'en est-il maintenant des associés ayant la qualité de gérant ? L'administration a décidé que ces mandataires relevaient du régime des travailleurs non-salariés du chef des rémunérations qui leur étaient versées (lettre ministérielle du 10 mai 1973). De son côté, la chambre sociale de la Cour de cassation, dans un ancien arrêt du 7 novembre 1979, a décidé, dans le cas d'un dirigeant de SCI possédant un nombre de parts minoritaire, qu'il n'était pas subordonné à la société et donc que les rémunérations qu'il recevait ne pouvaient pas être considérées comme des salaires.

- **S'agissant d'une société civile gérant un patrimoine**

La situation peut se révéler alors plus complexe. De manière générale, il est décidé que les revenus ne sont pas assimilables à des revenus professionnels. Pratiquement, l'associé, ou le gérant, ne pourrait se voir réclamer des cotisations de sécurité sociale que s'il exerce une « activité » au sein de la société.

Cependant, le simple fait de toucher des loyers ne peut en aucun cas être considéré comme un fait générateur d'assujetissement à un régime de sécurité sociale.

➤ Obligations en matière de droit du travail

La SCI, comme toute autre société, peut procéder à des embauches de salariés sous contrat à durée indéterminée, déterminée, de travail temporaire, à temps partiel, ...

☞ Attention !

L'embauche contraint l'employeur à respecter plusieurs formalités... Dans le cadre d'une SCI, il est clair que l'ensemble des dispositions du Code du travail trouve application que ce soit en matière d'obligations d'embauche, de licenciement, de durée du travail, de congés, ... L'employeur se doit donc de respecter scrupuleusement les dispositions édictées par le Code du travail voire par la convention collective si toutefois une convention collective de branche est applicable à l'entreprise.

On ne saurait donc que trop conseiller aux chefs d'entreprise d'être très attentifs aux obligations en matière de recrutement (obligation pour l'employeur d'informer par écrit le salarié des éléments essentiels applicables au contrat), en matière de conclusion du contrat (ainsi, un contrat de travail à durée déterminée doit obligatoirement être écrit et comporter un certain nombre de mentions), voire en matière de respect du temps de travail (paiement des heures supplémentaires et respect d'un repos compensateur), ...

En cas de conflit, c'est le Conseil des prud'hommes qui est compétent.

- **Formalités d'embauche**

En premier lieu, le gérant de la SCI devra procéder à une déclaration d'embauche auprès des services de l'URSSAF. Pratiquement, l'employeur pourra effectuer cette déclaration soit par courrier, soit par minitel (3614 Embauche + numéro du département où est situé l'employeur). Cette déclaration a pour but de lutter contre le travail clandestin.

En deuxième lieu, le gérant devra remettre une lettre d'engagement au salarié et ce, même si le salarié est embauché sous contrat à durée indéterminée. Cette obligation trouve son origine dans une directive communautaire du 14 octobre 1991. L'administration considère cette obligation remplie lors de la fourniture au salarié d'un document sur lequel sont reproduites les informations contenues dans la déclaration préalable d'embauche.

Il est souhaitable que figurent dans ce document : le nom des parties, la qualification du salarié, le salaire mensuel brut de l'intéressé, la convention collective éventuellement applicable à l'entreprise, la date de début d'activité,

Afin de sceller l'accord des parties, il peut être également envisagée la signature d'un contrat de travail par les deux parties.

La rédaction d'un tel contrat, assorti d'éventuelles clauses (clause de non-concurrence, de mutation géographique, de mutation professionnelle, de résultats, de période d'essai, ...), est une opération délicate qui engage l'employeur pour l'avenir. Mieux vaut dans cette hypothèse s'entourer de conseils d'un spécialiste.

En troisième lieu, il conviendra d'immatriculer le salarié au régime général de la sécurité sociale, s'il ne l'est pas encore ou s'il relevait d'un autre régime.

En quatrième lieu, le gérant de la SCI devra avertir la caisse de retraite complémentaire vieillesse de l'embauche du salarié.

En cinquième lieu, il devra, selon les dispositions de l'article R 241-48 du Code du travail, faire passer au salarié une visite médicale d'embauche aux fins de vérifier que l'intéressé est physiquement apte à son nouveau poste de travail.

Enfin, en sixième lieu, la société devra inscrire l'intéressé sur le registre unique du personnel. En effet, l'article L 620-3 du Code du travail dispose que dans tous les établissements où sont occupés des salariés, il est tenu un registre unique du personnel. L'absence de ce registre est un des éléments qui peut permettre de qualifier une activité de travail clandestin.

Signalons en outre, que les mentions portées sur le registre doivent être gardées pendant 5 ans à compter de la date où le salarié a quitté la société.

Attention !

La SCI ne bénéficie pas de régime dérogatoire pour ses salariés. Les règles relatives à la durée du travail, aux congés payés, aux procédures de licenciement trouvent donc application.

- **Paiement des cotisations sociales**

L'employeur doit payer les cotisations de sécurité sociale sur les salaires versés aux salariés. Suivant le Code de sécurité sociale, les cotisations sont assises sur toutes les sommes versées aux travailleurs en contrepartie ou à l'occasion du travail.

Sont ainsi soumis à charges sociales, les salaires, primes, gratifications, avantages en nature, indemnités de congés payés, ...

En revanche, ne rentrent pas dans l'assiette des cotisations de sécurité sociale essentiellement les sommes suivantes :

- indemnités de licenciement,
- indemnités de mise à la retraite,
- frais professionnels pour charges spéciales inhérentes à l'emploi concerné,
- indemnités kilométriques versées aux salariés utilisant leur véhicule comme moyen de transport pendant la durée de leur travail.

Attention ! Outre, les cotisations sociales de sécurité sociale, la société est redevable de cotisations à l'ASSEDIC et aux organismes de retraite complémentaire.

En l'absence de ces versements, l'employeur s'exposerait à la mise en œuvre de la procédure de recouvrement par voie de contrainte de la part des organismes sociaux.

Gérance de SCI et chômage

Un chômeur peut-il être gérant de SCI ? Rien n'est moins sûr. En effet, le réglement de l'assurance chômage oblige l'intéressé à être à la recherche « permanente » d'un emploi. Or, le gérant qui a des tâches de direction et de gestion au sein de la société ne semble pas répondre à cette obligation de disponibilité permanente.

Dans le doute, il est conseillé au chômeur de démissionner de ses fonctions de gérant.

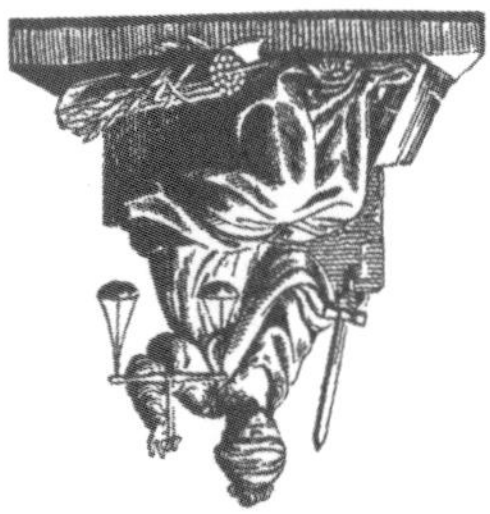

La fin de la SCI

1. La dissolution

La dissolution de la société est l'ensemble des opérations ayant pour objet de vendre les biens de l'entreprise et de payer ses créanciers en vue de procéder au partage entre les associés de l'actif net substituant.

Cette dissolution doit faire l'objet d'une insertion dans un journal d'annonces légales et être publiée au registre du commerce et des sociétés. L'acte de dissolution lui-même doit être enregistré et donner lieu à la perception d'un droit fixe de 75 euros.

Les causes de dissolution sont énoncées par l'article 1844-7 du Code civil. Pratiquement, on peut distinguer des causes volontaires, légales ou judiciaires.

➤ Les causes volontaires de dissolution

Ces dernières doivent elles-mêmes être divisées en dissolution amiable ou application des clauses statutaires.

En ce qui concerne la dissolution amiable, cette dernière est toujours possible aux conditions de majorité prévues par les statuts. Par exception, un associé minoritaire peut s'opposer à cette décision s'il est démontré que cette dernière est inspirée par une intention frauduleuse ou la volonté de nuire à l'employeur.

En outre, le pacte social peut toujours prévoir des modes de dissolution de plein droit qu'il s'agisse du décès d'un associé ou la modification du régime fiscal. Dans tous les cas, il convient d'être très vigilant sur la rédaction des statuts, car on ne saurait reprocher à un associé après la signature des statuts, de vouloir faire application de ceux-ci.

➤ Les causes de dissolution judiciaire

La loi en connaît deux.

- **La dissolution judiciaire pour « juste motif »**

Ces termes recouvrent en fait deux notions : l'inexécution par un associé de ses obligations ainsi que la mésentente des associés (Code civil, article 1844-7).

A ces deux cas, on pourrait en ajouter un troisième laissé à la libre appréciation du juge : la société pourra être dissoute chaque fois que le comportement d'un associé ou d'un groupe d'associés, empêche le fonctionnement normal des organes de la société.

- **La dissolution en cas de défaut de régularisation d'une SCI composée d'un seul associé**

C'est l'article 1844-5, alinéa 1 du Code civil qui prévoit ce cas. Selon cette disposition : « *la réunion de toutes les parts sociales en une seule main n'entraîne pas la disso-*

lution de plein droit de la société. Tout intéressé peut demander la dissolution de la société si cette situation n'a pas été régularisée dans le délai de 1 an ».

Certes, en France, la société unipersonnelle existe mais uniquement dans le cadre de la société à responsabilité limitée. Ce qui revient à dire que la SCI reste soumise aux dispositions de l'article 1832 du Code civil, c'est-à-dire à l'obligation d'avoir au moins deux associés.

Le délai d'1 an prévu par l'article 1844-5, alinéa 1, du Code civil va permettre à l'associé unique de régulariser sa situation. Soit l'associé cédera une partie de ses parts à un autre associé, soit encore il pourra procéder à une augmentation de capital afin d'introduire un nouvel associé.

Faute d'opter pour l'une des deux solutions, la dissolution pourra être prononcée soit par déclaration de l'associé propriétaire de toutes les parts, soit par décision de justice à la demande de tout intéressé après le délai de 1 an.

➤ Les causes légales de dissolution

- **L'arrivée à terme**

Nous avons vu qu'une SCI était constituée pour une durée maximale de 99 ans (Code civil, article 1844-6).

Toutefois, le Code civil prévoit une possibilité de prorogation de la vie de la société sous la forme suivante ; un an au moins avant la date d'expiration de la société, les associés doivent être consultés afin de donner leur avis sur l'éventualité d'une prorogation.

S'agissant d'une modification du pacte social, une telle décision doit être prise à la majorité prévue par les statuts. Faute de précisions dans le contrat de société, la prorogation doit être prise à l'unanimité.

• La réalisation ou l'extinction de l'objet social

Toute société civile immobilière a une vocation générale : il s'agit d'un groupement de personnes formé pour acquérir et posséder un ou plusieurs biens immobiliers. Toutefois, l'objet peut être encore plus précis. Imaginons une SCI constituée dans le seul but de construire un immeuble. A l'achèvement de la construction, la société sera dissoute de plein droit.

Mieux vaut donc éviter dans les statuts les objets trop restreints. Une telle situation pourrait avoir pour conséquence soit d'obliger les associés à modifier leur objet social, soit à recréer une SCI afin de gérer l'immeuble construit.

• La nullité de la société

Enfin, et ce même si les hypothèses sont peu nombreuses, il convient de citer comme dernière cause légale de dissolution la nullité de la société.

Cette nullité peut intervenir soit en cas de vice du consentement ou incapacité d'un associé, non-respect des dispositions de l'article 1832 du Code civil (par exemple en cas d'exclusion de tout partage des bénéfices ou économies) ou encore illicéité de l'objet (Code civil, article 1833, par exemple en cas d'acquisition d'un immeuble mis à disposition de prostituées).

2. La liquidation de la société

La société civile immobilière peut prendre fin en dehors de toute difficulté économique, que ce soit volontairement, pour une cause légale ou suite à une décision de justice.

Pour quelque cause que se soit, il convient de la liquider, c'est-à-dire de réaliser l'actif et de vendre le passif. Cette procédure est assurée par un ou plusieurs liquidateurs.

En outre, pendant les opérations de liquidation, la personnalité morale de la société subsiste.

➤ Le liquidateur

Le liquidateur constitue un élément clé dans la procédure. En cas de dissolution volontaire ou légale, il est choisi parmi les associés. Mais encore une fois, il convient de se référer aux statuts. En effet, ces derniers peuvent prévoir que le liquidateur sera l'administrateur en exercice.

Lorsque la liquidation intervient suite à une décision de justice ou encore, si les associés ne peuvent procéder à cette nomination, il appartient au tribunal de désigner un ou plusieurs liquidateurs.

Afin de réaliser ses objectifs, le liquidateur dispose de pouvoirs qui sont définis dans les statuts. Faute de précision, il appartient aux associés de fixer les limites qu'ils souhaitent voir apporter aux pouvoirs du liquidateur.

A défaut de disposition des associés, le liquidateur sera réputé avoir l'ensemble des pouvoirs nécessaires pour remplir sa mission. Toutefois, en ce qui concerne la vente des immeubles, la pratique impose que le liquidateur soit investi d'un pouvoir spécial.

La durée du mandat peut être prévue dans le procès-verbal de nomination. Il peut être également prévu que le mandat prendra fin lors de l'achèvement de la mission du mandataire.

Le législateur a toutefois prévu une durée buttoir. L'article 1844-8, dernier alinéa, du Code civil prévoit en effet : « *si la clôture de la liquidation n'est pas intervenue dans un délai de 3 ans à compter de la dissolution, le ministère public, ou tout intéressé, peut saisir le tribunal qui fait procéder à la liquidation ou, si celle-ci a été commencée, à son achèvement* ».

➤ La personnalité morale

Selon l'article 1844-8 du Code civil, jusqu'à la publication de la clôture de la liquidation, la société conserve la personnalité morale.

Deux conséquences naissent de cette affirmation :

- en premier lieu, la société peut tout à fait agir en justice ; elle conserve intégralement sa dénomination ; pour l'information des tiers, le législateur oblige simplement que la dénomination soit suivie de la mention : « société en liquidation » ;
- en deuxième lieu, il est clair que le patrimoine de la société ne peut se confondre avec celui des associés. Dans ces conditions, les créanciers de la société n'auront donc pas à craindre le concours ou les poursuites des créanciers personnels d'un associé.

➤ La clôture de la liquidation

Quand toutes les opérations ont été achevées et principalement lorsque le passif a été payé, les associés sont appelés à statuer sur les comptes définitifs.

La décision des associés prononce la clôture des opérations. Cette clôture entraîne la disparition de la personnalité morale.

Cependant, afin d'avertir les tiers, un certain nombre de formalités sont rendues obligatoires par les textes :

- dépôt au greffe des comptes définitifs du liquidateur, du procès-verbal de la décision des associés approuvant ces comptes et ayant décidé la clôture ;
- insertion dans un journal d'annonces légales de l'avis de clôture ;
- radiation de la société du registre du commerce et des sociétés ;
- insertion au bulletin officiel des annonces civiles et commerciales (BODAC).

Attention !

Dans le cas où après la procédure de liquidation, les comptes de la société font apparaître un passif supérieur à l'actif, la société se doit alors de déposer son bilan.

Si au contraire les comptes font apparaître un actif supérieur au passif alors, cette différence, appelée boni sera répartie entre les associés.

3. Le boni de liquidation

➤ Principe

Dès la publication de la clôture de la liquidation, les biens constituant le boni de liquidation appartiennent indivisément aux ex-associés. Pratiquement donc, ce boni de liquidation est régi par les dispositions du Code civil relatives à l'indivision.

➤ Partage

Le partage des biens indivis s'effectue selon les mêmes règles que celles relatives au partage des successions (Code civil, article 1844-9, alinéa 2). Pratiquement donc, certaines règles doivent impérativement être respectées.

➤ Attributions préférentielles légales

L'article 832 du Code civil prévoit le cas de l'attribution préférentielle en cas de partage de succession. Cette disposition trouve application même en cas de partage du boni de liquidation.

L'article 1844-9, alinéa 3, du Code civil a même prévu un mode d'attribution particulier au partage des sociétés : l'associé qui a fait un apport en nature à la société, et, dans le cas où ce bien existe encore, peut demander qu'il lui soit attribué, à charge de soulte, s'il y a lieu.

Ce droit d'attribution s'exerce avant tout autre droit à attribution préférentielle.

Signalons toutefois que tant l'article 832 que 1844-9, alinéa 3, du Code civil relatifs au droit d'attribution préférentielle, ne sont pas d'ordre public. Pratiquement donc, il pourrait être dérogé à ces dispositions soit de manière statutaire soit par décision collective des associés.

➤ Attributions préférentielles contractuelles

Il entre dans les possibilités des associés de prévoir soit statutairement, soit par acte séparé que certains biens seront attribués à certains associés (Code civil, article 1844-9, alinéa 3).

Encore une fois, il convient de remarquer l'importance que les associés doivent consacrer à la rédaction des statuts. Leur liberté est grande. Encore faut-il qu'ils l'utilisent avec intelligence et discernement.

➤ La procédure de partage

L'indivision étant un état provisoire et précaire, tout co-indivisaire peut demander à en sortir et demander le partage.

Ce dernier peut s'effectuer :

- soit à l'amiable si toutes les parties sont d'accord (la forme de l'acte de partage peut être sous seing privé sauf si la masse à partager comporte des immeubles où dans ce cas, la forme authentique est requise),
- soit par voie judiciaire si tout accord mutuel est exclu.

Vis-à-vis des associés, la propriété des biens rétroagira dès la dissolution de la société. Toutefois, vis-à-vis des tiers, l'effet déclaratif du partage se produira non pas à la dissolution de la société mais à la date de la publication de la clôture de la liquidation. On retrouve ici le principe fondamental suivant lequel c'est à compter de la publication que le tiers est sensé être informé de tout événement social.

Le régime fiscal de la SCI

De manière générale, la création d'une SCI peut présenter des avantages fiscaux non négligeables.

Nous distinguerons :

- les impôts, droits et taxes dus lors de la constitution de la société,
- les impositions dues pendant la vie de la SCI,
- les impositions des cessions de parts,
- les impôts entraînés par la dissolution de la SCI.

1. Impôts, droits et taxes dus lors de la constitution de la société

➤ Droit d'enregistrement

Avant 1992, les services de l'enregistrement percevaient un droit de 1% sur la valeur du bien apporté, qu'il s'agisse d'apport en numéraire, en immeuble ou en meuble.

Depuis 1992, tous les apports purs et simples de biens mobiliers ou immobiliers donnent lieu à la perception d'un droit fixe. Toutefois, si rien ou presque n'est perçu lors de l'entrée en société, les droits de mutation pourront être perçus lorsque les biens feront retour dans le patrimoine des associés, s'il y a à cette occasion un déplacement de propriété.

La situation est un peu différente pour les apports à titre onéreux. En effet, ces apports ne sont pas rémunérés par des parts de la société qui les reçoit par un équivalent ferme et actuel définitivement acquis à l'acquéreur (ex. : prise en charge du passif incombant à l'apporteur par la SCI). Juridiquement, ils constituent donc une véritable vente.

Toutefois, en matière fiscale, la règle est la suivante : seul le droit fixe est perçu si une personne physique apporte à titre onéreux l'ensemble des éléments d'actif immobilisé affectés à l'exercice de son activité professionnelle et à condition que l'apporteur s'engage à garder les parts reçues en contrepartie durant 5 ans.

Quant aux apports mixtes, ils sont rémunérés de deux manières : pour partie par la remise des parts sociales et pour partie par un avantage définitivement acquis par l'apporteur. Ils sont donc logiquement soumis aux régimes des apports purs et simples pour la partie rémunérée par des parts de la société bénéficiaire des apports et au régime des apports à titre onéreux pour l'autre partie.

➤ TVA

En ce qui concerne la perception de la TVA, l'apport est assimilé à une vente. Pratiquement, cela veut dire que si le bien apporté est un terrain à bâtir, une construction inachevée ou un immeuble achevé depuis moins de 5 ans sans avoir fait l'objet d'une précédente mutation depuis son achèvement, la TVA devient alors exigible au taux de 19,60%.

En contrepartie, aucun droit d'enregistrement n'est dû.

Plus rarement, un apport peut relever à la fois des droits d'enregistrement et de la TVA. Un exemple pratique peut être trouvé lorsqu'est apporté un immeuble achevé ou acquis depuis moins de 10 ans par une personne relevant du régime de la TVA. Quand il en est ainsi, l'apporteur se doit de procéder à un reversement pour 1/10ème de la TVA au trésor au titre de la régularisation qui lui est imposée.

➤ Plus-values d'apport

En application de la loi du 19 juillet 1976 sur les plus-values immobilières, l'apport en société d'un immeuble est assimilé à une vente. Il donne lieu, entre les mains de l'apporteur, à la même imposition que si l'immeuble avait fait l'objet d'une vente.

Il n'est pas possible ici de traiter l'ensemble du mécanisme des plus-values immobilières. Nous nous contenterons donc d'en récapituler les grandes lignes.

Lorsque l'apport immobilier est fait par un particulier, le régime applicable est celui des plus-values des particuliers. L'impôt des plus-values d'apport est donc applicable si l'apporteur détient le bien depuis moins de 32 ans.

Quand l'immeuble est un élément de l'actif professionnel, la situation est différente. Il n'est pas possible d'obtenir une exonération pour durée de détention par exemple ou un quelconque report d'imposition, sauf toutefois pour les titulaires de bénéfices non commerciaux. Par dérogation et selon l'article 151 octies du Code général des impôts, l'apporteur d'une entreprise individuelle à une SCI peut opter pour un système de report d'imposition des plus-values. Cette possibilité ne peut cependant jouer que si l'entrepreneur fait apport à la société de l'ensemble des éléments nécessaires à l'exploitation y compris les immeubles inscrits à l'actif. Lorsque l'apporteur apporte séparément des immeubles affectés à l'exploitation à une SCI, il peut ne pas perdre le bénéfice du report d'imposition des plus-values sous la condition que la société bénéficiaire de l'apport de l'entreprise puisse utiliser les immeubles. Cette condition est remplie quand un bail est conclu entre la SCI et la société bénéficiaire de l'apport de l'entreprise.

2. Impôts dus pendant la vie de la SCI

➤ Imposition des bénéfices sociaux

Les bénéfices sociaux sont répartis entre les associés et imposés à leur nom à l'impôt sur le revenu. Pratiquement selon l'article 8 du Code général des impôts, chacun des associés est personnellement taxé à l'impôt sur le revenu pour la quote-part qui lui revient dans les bénéfices de la société.

Cependant, afin de bénéficier de ce régime, les SCI doivent se borner à la gestion non commerciale de leur patrimoine immobilier, notamment pour des locations non meublées des immeubles lui appartenant. Les SCI familiales sont presque toutes soumises à ce régime. Elles pourraient certes opter pour le régime de l'impôt sur les sociétés, mais il est clair que ce ne serait pas leur intérêt.

A ce principe d'imposition sur la quote-part de bénéfices de la SCI, il convient d'ajouter que les associés peuvent percevoir des sommes diverses : soit des rémunérations, soit des intérêts éventuellement versés par la société et venant de compte courant. L'ensemble de ces sommes viendra s'ajouter aux autres revenus réalisés par l'associé et devra être porté sur sa déclaration fiscale.

Attention !

La SCI est considérée comme translucide sur le plan fiscal. En un mot, chaque associé est imposé à l'impôt sur le revenu proportionnellement à ses parts dans le capital.

➤ Calcul du bénéfice imposable

Le calcul du bénéfice imposable s'effectue à partir du revenu brut duquel il convient de déduire un certain nombre de charges :

- **Le revenu brut**

Il s'agit purement et simplement de l'ensemble des loyers perçus ainsi que des éventuelles recettes exceptionnelles.

- **Les déductions**

Certaines sommes viennent en déduction du revenu brut. Il s'agit :

- des dépenses incombant normalement au locataire et payées par le propriétaire ;
- de la taxe additionnelle du droit au bail ;
- des dépenses faites pour l'acquisition et la location des locaux ;

- des frais de gérance et de rémunération des gardiens d'immeubles ;
- des intérêts des emprunts contractés pour l'achat et la conservation des immeubles et de la taxe foncière ;
- d'une déduction couvrant les frais de gestion et d'assurance.

➤ Déclarations obligatoires

Deux types de déclarations sont à souscrire :

- **D'abord au niveau de la SCI**

Avant le 1er mars de chaque année, toute SCI doit effectuer une déclaration des résultats sur l'imprimé n°2072. La déclaration devra être remise au centre des impôts du siège social de la SCI.

- **Ensuite au niveau de chaque associé**

Chaque associé devra déclarer la quote-part des bénéfices lui revenant dans sa déclaration de revenus à la rubrique des revenus fonciers. Si l'associé possède d'autres revenus fonciers, il devra les déclarer spécifiquement dans l'imprimé n°2044.

➤ Rémunération du gérant

Le régime fiscal applicable aux rémunérations ventes aux gérants est fonction de la qualité de ceux-ci et du régime fiscal de la société.

- **1ère hypothèse : gérant non associé**

Dans ce cas, la rémunération vente est déductible des résultats, que la société soit ou non assujettie à l'impôt sur les sociétés. Elle est donc imposée entre les mains du bénéficiaire à l'impôt sur le revenu dans la catégorie des traitements et salaires ou des bénéfices industriels et commerciaux selon que le gérant est regardé comme un salarié ou comme un administrateur de biens.

Si la gérance est confiée à une personne morale relevant de l'impôt sur les sociétés, la rémunération est soumise à cet impôt.

- **2ème hypothèse : gérant associé**

Dans les sociétés passibles de l'impôt sur les sociétés, les rémunérations des gérants associés sont déductibles des résultats et imposées à leur nom à l'impôt sur le revenu dans la catégorie des bénéfices non commerciaux.

Lorsqu'il s'agit de sociétés civiles non passibles de l'impôt sur les sociétés, les salaires versés aux associés gérants ne sont pas déductibles des bénéfices sociaux. Ils sont soumis à l'impôt sur le revenu au nom de chaque bénéficiaire dans la catégorie correspondant à la nature de l'activité de la société (BIC, BA, BNC ou revenus fonciers), ou à l'impôt sur les sociétés si le bénéficiaire relève de cet impôt.

➤ Obligations

Les SCI doivent effectuer certaines déclarations même si ce sont les membres qui paient les impôts. En premier lieu, une déclaration d'existence doit être souscrite dans les

3 mois de la constitution de la société au centre des impôts du lieu du siège social.

En outre, toutes les SCI doivent produire chaque année, avant le 1er mars, une déclaration de résultats, qu'ils soient bénéficiaires ou déficitaires. Cette déclaration doit être souscrite sur imprimé Cerfa n°2072 et adressée en double exemplaire au centre des impôts du lieu du siège social. Une dispense n'est possible que pour les SCI qui mettent gratuitement leurs logements à la disposition de leurs associés.

3. Imposition des cessions de parts

➤ Droit d'enregistrement

Deux hypothèses doivent être envisagées :

- **La SCI procède à l'achat d'immeubles déjà construits**

Dans ce cas, le taux est celui applicable aux ventes d'immeubles, auquel s'ajoute le prélèvement pour frais d'assiette et de recouvrement calculé sur le droit départemental.

- **La SCI fait elle-même procéder à la construction**

Dans pareil cas, les travaux sont soumis à la TVA (19,60%).

➤ Imposition des plus-values sur cessions de parts

Il s'agit ici d'un sujet particulièrement délicat et qui n'a pas encore donné lieu à solution définitive. On peut toutefois distinguer deux cas.

- **1er cas - La cession est faite par un particulier dans le cadre de la gestion de son patrimoine**

Il convient alors de distinguer deux hypothèses.

Première hypothèse, la société est à prépondérance immobilière (ce qui est le plus souvent le cas) et dans cette situation la plus-value est calculée à partir du prix de revient des parts de l'associé, soit le montant de ses apports, s'il a été à l'origine de la société, soit le prix ou la valeur d'acquisition de ses parts s'il les a achetées ou reçues par donation ou héritage, en cours de vie sociale.

Deuxième hypothèse, la société n'est pas considérée comme à prépondérance immobilière et dans ce cadre, la plus-value dégagée par la cession est exonérée de tout l'impôt sur les plus-values.

- **2ème cas - La cession des parts est faite par un associé les ayant inscrites à l'actif d'une entreprise relevant des BIC ou d'une exploitation agricole imposable selon un régime de bénéfice réel**

La plus-value est soumise au régime fiscal des plus-values professionnelles.

➤ Impôt sur la fortune

Les biens professionnels ne sont pas taxables à l'ISF. Donc, lorsqu'elles peuvent être qualifiées de biens professionnels, les parts de SCI sont exonérées.

Encore faut-il savoir ce qu'il faut entendre par « biens professionnels ». Sont biens professionnels les parts de SCI lorsque les immeubles sont loués ou mis à disposition de telle façon qu'ils restent utilisés pour les besoins de l'activité du détenteur de parts sociales. Par exemple, les parts d'une SCI détenues par un chirurgien pourront être considérées comme biens professionnels si l'immeuble, nécessaire à l'activité exercée, est loué à la clinique où exerce le chirurgien ou mis à sa disposition.

➤ Impôts entraînés par la dissolution de la société

Nous avons déjà vu que l'acte de dissolution de la SCI doit faire l'objet d'une insertion dans un journal d'annonces légales et doit être publié au registre du commerce et des sociétés.

L'acte de dissolution lui-même doit être enregistré.

En outre, lorsqu'il est procédé au partage, le régime applicable est le suivant, sauf application de l'impôt sur les sociétés.

- **Pour les biens acquis par la société et partagés entre les associés**

Un droit de 1% est exigible sur la valeur des biens partagés après déduction du passif et du montant des soultes. Si un associé est tenu de verser une soulte, cette dernière est taxée comme une vente.

- **Pour les biens apportés à la société**

Aucun droit n'est dû quand l'associé reprend le bien qu'il a apporté. S'il s'agit d'un immeuble, la taxe de publicité foncière est perçue lors de la publication de l'acte de partage.

- **Si les biens apportés à la SCI sont attribués à un associé autre que l'apporteur**

Ce dernier se doit de payer des droits de vente applicables selon la nature des biens.

Enfin, rappelons que fiscalement, la dissolution d'une SCI équivaut à une cession à titre onéreux, susceptible de dégager une plus-value imposable entre les mains des associés.

Toutefois, un problème risque de se poser lorsque l'associé a acquis ses parts pendant la vie de la société. Il risque en effet de payer un impôt sur une plus-value qui est déjà partiellement acquise au moment de son entrée dans la société.

L'administration a donc admis que la plus-value résultante soit calculée par rapport à la valeur, au jour de l'acquisition des parts, des biens faisant l'objet du partage.

Cette mesure doit cependant être demandée expressément par le contribuable.

➤ Assujettissement à l'impôt sur les sociétés

• Généralités

Le Code général des impôts assujettit à l'impôt sur les sociétés, les sociétés civiles immobilières qui se livrent à des opérations présentant un caractère industriel ou commercial.

Au plan fiscal, ces activités sont les suivantes :

- l'achat et la revente d'immeubles, de fonds de commerce, d'actions ou de parts de SCI (autrement dit, l'activité correspondant à celle de marchand de biens) ;
- la location d'un établissement commercial ou industriel, muni du mobilier ou du matériel nécessaire à son exploitation ; la location de logements en meublés ;
- les opérations de lotissements de terrains ayant un caractère spéculatif ou qui, par leur répétitivité, donnent à la SCI la qualité de marchand de biens.

• Apports

Si l'apport en société a pour objet un immeuble ou des droits immobiliers, il sera taxé comme une vente avec application d'un droit proportionnel plus taxes additionnelles. Ce principe connaît cependant des exceptions :

- le droit est réduit si les biens apportés entrent dans la catégorie de ceux dont la vente est taxée à un taux inférieur (ex. : immeuble d'habitation avec engagement de conserver cette affectation durant 3 ans dans ce cas, c'est le droit ordinaire de vente qui est perçu) ;

- le droit fixe est en outre perçu si l'immeuble apporté est affecté à l'exercice d'une activité professionnelle et s'il est apporté avec l'ensemble des éléments d'actifs immobilisés affectés à cette activité. L'apporteur doit en outre conserver les titres durant 5 ans.

- **Rémunération des dirigeants**

Les traitements du gérant de SCI sont déductibles des bénéfices sociaux imposables mais en revanche imposables au titre de l'impôt sur les revenus, comme pour le cas du gérant de SARL.

La SCI en difficulté

1. Qualité du débiteur

La loi du 25 janvier 1985, réformée par la loi du 10 juin 1994, précise les personnes auxquelles s'applique la procédure de redressement judiciaire.

Cette procédure s'applique à toute personne morale du droit privé : société, groupement d'intérêt économique, association et syndicat que leur activité soit commerciale ou civile (article 2 de la loi).

Cette formule comprend donc les sociétés civiles (telles les sociétés professionnelles, les sociétés immobilières et les sociétés agricoles).

2. Procédure de redressement judiciaire

La procédure de redressement judiciaire a pour but de régler les difficultés de l'entreprise et de permettre, chaque fois que cela est possible, la survie de l'entreprise.

Elle cherche à protéger les intérêts des salariés à faciliter la poursuite d'activité et le sauvetage de l'entreprise

Dans un premier temps, le tribunal va examiner la situation de l'entreprise : c'est la procédure d'observation puis, dans un deuxième temps, il décidera en connaissance de cause, de la façon de régler au mieux les difficultés de l'entreprise. Si l'entreprise lui paraît viable, il mettra en œuvre le redressement judiciaire de l'entreprise, sinon il fera procéder à sa liquidation judiciaire.

➤ Le régime général de redressement judiciaire

La procédure de redressement judiciaire est ouverte à toute entreprise en état de cessation des paiements. Une procédure simplifiée s'applique à certaines entreprises. Elle vise notamment à raccourcir les délais.

• Etat de cession des paiements

Jusqu'en 1967, aucun texte législatif n'avait défini la notion de cessation des paiements. La Cour de cassation avait toutefois précisé que les juges devaient constater d'abord un arrêt matériel des paiements (par exemple le non-paiement d'une dette civile ou commerciale) et ensuite une « situation sans issue » du débiteur. Dans ce dernier cas, les juges devaient procéder à un examen comptable, à une comparaison entre les dettes exigibles à court terme et les valeurs à court terme réalisables et disponibles.

La loi de 1985, dans son article 3, a réservé la procédure à « *toute entreprise qui est dans l'impossibilité de faire face au passif exigible avec son actif disponible* ».

Aucune autre condition, notamment pas celle d'une situation irrémédiablement compromise n'est désormais requise : seul compte le défaut de paiement.

On notera en outre que la formule semble beaucoup plus rigide que l'attitude des tribunaux lors de l'application de l'ancienne loi, les dispositions actuelles ne semblent pas tenir compte du passif exigible à court terme.

• **Jugement d'ouverture**

La procédure de redressement judiciaire résulte d'un jugement prononcé par le tribunal de commerce du domicile de l'entreprise pour les entreprises commerciales.

Le tribunal de grande instance peut être saisi :

- par le débiteur qui l'informe qu'il est en état de cessation de paiement ;
- par un créancier impayé qui l'informe du montant de la nature de sa créance ;
- d'office ou par le Ministère public, à partir d'informations communiquées, par exemple, par les représentants du personnel révélant la cessation de paiement.

Avant de rendre son jugement, le tribunal entend obligatoirement le débiteur, de même que les représentants du personnel.

Il peut commettre un juge pour recueillir toute information utile sur la situation économique, financière et sociale de l'entreprise.

Le jugement constate la cessation des paiements et sa date, ouvre la période d'observation de 6 mois en vue de l'établissement du bilan économique et social de l'entreprise et de proposition de solutions, désigne les organes de la procédure. Le jugement est signifié à l'entreprise et les tiers sont informés par des mesures de publicité.

- **Organes de la procédure**

Le jugement d'ouverture désigne le juge-commissaire et deux mandataires de justice : l'administrateur et le représentant des créanciers. Il invite les salariés à désigner leur représentant et les créanciers à déclarer leurs créances entre les mains de leur représentant désigné.

Le juge-commissaire « instruit » le dossier. Il doit veiller au déroulement rapide de la procédure et à la protection des intérêts en présence.

L'administrateur participe à la gestion de l'entreprise et prépare la solution de la procédure. Il peut se faire assister d'experts en diagnostic d'entreprise dont il demande la désignation.

Le représentant des créanciers défend les intérêts collectifs des créanciers en exerçant les actions pour leur compte.

Le représentant des salariés vérifie l'état des créances des salariés et les assiste en cas de contestation.

- **Déroulement de la période d'observation**

La période d'observation est de 6 mois, durée susceptible de prolongation. Elle doit aboutir à l'élaboration du bilan économique et social du projet de plan de redressement.

Dans le cas de la procédure simplifiée, une période d'enquête de 30 jours renouvelable une fois, permet au juge-commissaire d'établir son rapport sur la situation économique et les perspectives de redressement.

Si le tribunal conclut à un redressement possible, il y aura ensuite une période d'observation de 4 mois (prolongeable 2 mois).

Pendant la période d'observation, l'activité de l'entreprise se poursuit de plein droit, la gestion est restreinte aux opérations nécessaires à la gestion courante et les responsabilités du dirigeant sont limitées :

- il y a surveillance et assistance du dirigeant par l'administrateur et même, dans certains cas, prise en charge directe de l'administration de l'entreprise par l'administrateur ;
- le dirigeant continue à exercer sur son patrimoine les actes de disposition et d'administration qui ne sont pas confiés à l'administrateur par le tribunal ;
- le paiement des créances nées avant le jugement est interdit sauf les créances de salaires ;
- les contrats en cours continuent s'ils sont utiles à la poursuite de l'activité de l'entreprise ;
- les créances postérieures à l'ouverture de la procédure ont droit au paiement immédiat et préférentiel de leur créance.

En outre, est élaboré un bilan économique et social et un projet de plan de redressement. Ces documents doivent être établis par l'administrateur.

Le bilan précise l'origine, l'importance, la nature des difficultés de l'entreprise. Il dresse un inventaire de la situation active et passive de l'entreprise. L'état des créances est établi avec soin. Le représentant des créanciers joue un rôle important dans l'établissement de la liste des créances ; il en est de même du représentant des salariés en ce qui concerne les créances de salaires.

Le projet de plan de redressement tient compte de l'état du marché, il précise les modalités de règlement du passif envisagées, il expose les perspectives d'emploi et en cas de licenciement pour motif économique, il précise les actions à mener pour faciliter le reclassement et l'indemnisation des salariés dont l'emploi est menacé.

Les créanciers sont sollicités pour faire des « offres » de délais ou de remises de dettes, des « repreneurs » éventuels sont contactés.

- **Sort des créanciers**

Les salariés sont des créanciers internes de l'entreprise. La loi renforce leurs droits et leur protection :

- les salaires dus au jour de l'ouverture de la procédure bénéficient d'une protection spéciale ;
- les salaires dus à raison de la procédure sont payés avant toute autre créance (privilège de 1er rang).

Par ailleurs, les salariés sont protégés par l'existence d'une assurance garantissant les créances de salaire. Tout employeur est tenu de cotiser au Fonds de Garantie des Salaires. En cas d'impossibilité pour l'entreprise de payer aux salariés les sommes dues lors du jugement d'ouverture, l'AGS verse cette somme au représentant des créanciers qui fait procéder au règlement des salariés.

Les autres créanciers (créanciers externes exception faite des banquiers qui bénéficient d'un statut spécial) dont la créance est antérieure au jugement d'ouverture sont normalement peu protégés puisque les créanciers postérieurs au jugement sont payés par priorité à eux, qu'ils aient des sûretés ou non.

Signalons toutefois que l'associé d'une société civile en redressement judiciaire est personnellement et indéfiniment responsable des dettes de cette société, cet engagement ne revêtant pas un caractère accessoire par rapport à celui de la personne morale ; en conséquence, cet associé ne peut se prévaloir de l'extinction de la créance du créancier poursuivant faute d'avoir été déclarée dans le délai légal et d'avoir donné lieu à relevé de facturation. Le créancier bénéficie d'un droit direct contre cet associé, sous l'unique réserve de la poursuite préalable de la personne morale.

- **Jugement arrêtant le plan clé de continuation ou de cession de l'entreprise**

Le tribunal, après avoir entendu le débiteur, l'administrateur, le représentant des créanciers, le représentant des salariés, statue au vu du rapport de l'administrateur. Le tribunal peut, soit arrêter le plan de redressement, soit prononcer la liquidation de l'entreprise.

Le plan de redressement organise soit la continuation, soit la cession totale, soit la cession partielle de l'entreprise.

Le tribunal dispose d'un pouvoir d'appréciation important pour aménager le contenu du plan.

Le jugement rend le plan opposable à tous : créanciers, salariés.

Le plan comporte des aspects :

- économiques : mesures visant le financement de l'entreprise ;
- financiers : mesures visant au règlement du passif ;
- sociaux : mesures relatives aux perspectives d'emploi liées à la poursuite d'activité.

Lorsque le plan prévoit des licenciements pour motif économique, il ne doit être arrêté par le tribunal qu'après information et consultation du comité d'entreprise.

A partir du moment où le plan de redressement est en œuvre, les responsables de l'entreprise retrouvent leur liberté de gestion sous réserve du respect du plan, et les rôles des représentants des créanciers et des salariés ainsi que celui du juge-commissaire prennent fin.

➤ La liquidation judiciaire

Le tribunal peut prononcer par jugement la liquidation judiciaire de l'entreprise lorsqu'il pense que le redressement est impossible.

• Conséquences du jugement de liquidation judiciaire

Un liquidateur est nommé. Le débiteur (chef d'entreprise) est dessaisi de l'administration. Toutes les créances deviennent exigibles.

• Réalisation de la liquidation

Les actifs de l'entreprise sont vendus pour désintéresser au maximum les créanciers. Les créanciers sont payés dans l'ordre de leurs droits pour ceux qui ont des sûretés, au « marc le franc » sur ce qui reste de l'actif pour autres. Toutefois, les associés restent personnellement tenus envers les créanciers sociaux lorsqu'il est établi que les créances de ces derniers sur la société ont été vérifiées, qu'ils n'ont plus de recours contre elle et que son patrimoine ne permet pas de les désintéresser, sans qu'il y ait lieu d'attendre la clôture des opérations de liquidation judiciaire.

Modèles de statuts de SCI

Société Civile Immobilière

Société Civile au Capital de .... euros

Siège social : ....

Les soussignés :

M. ....

....

M. ....

....

M. ....

....

etc.

Ont établi ainsi qu'il suit les statuts de la société civile devant exister entre eux et toute autre personne qui viendrait ultérieurement à acquérir la qualité d'associé.

Titre I.

Forme - Objet
Appellation sociale
Siège social - Durée

Article 1. **Forme**

Il est formé entre les propriétaires de parts sociales ci-après créées et de celles qui pourraient l'être ultérieurement, une société civile régie par les articles 1832 à 1870-1 du Code civil et par les décrets pris pour leur application.

Article 2. **Objet**

La société a pour objet : ....

....

La propriété, l'administration et l'exploitation par bail, location ou autrement de tous immeubles bâtis ou non bâtis dont elle pourrait devenir propriétaire ultérieurement par voie d'acquisition, construction, échange, apport ou autrement ; éventuellement et exceptionnellement, l'aliénation de ceux de ces immeubles devenus inutiles à la société au moyen de vente, échange ou apport en société.

Pour la réalisation de cet objet, la gérance peut effectuer toutes opérations non susceptibles de porter atteinte à la nature civile de l'activité sociale.

Plus généralement, toutes opérations civiles de quelque nature qu'elles soient, se rattachant à l'objet sus-indiqué, de nature à favoriser directement ou indirectement le but poursuivi par la société, son existence ou son développement.

Article 3. **Appellation sociale**

La société a pour appellation sociale la dénomination sociale suivante : ....

Les actes et documents émanant de la société et destinés aux tiers, notamment les lettres, factures, annonces et publications diverses, indiqueront la dénomination sociale, précédée ou suivie immédiatement et lisiblement des mots « société civile » et de l'énonciation du capital social.

Article 4. **Siège social**

Le siège social est fixé à ....

Il pourra être transféré en tout autre lieu par décision collective extraordinaire.

Article 5. **Durée**

La durée de la société est fixée à .... années.

Le point de départ de ce délai est la date de l'immatriculation de la société au registre du commerce et des sociétés.

Titre II.

Apports - Capital social

Article 6. **Apports**

Il n'est effectué à la société que des apports en numéraire, à savoir :

- M. ....
  la somme de .... euros, ci .... €
- M. ....
  la somme de .... euros, ci .... €
- M. ....
  la somme de .... euros, ci .... €

Etc.

Soit au total la somme de .... euros, ci .... €

Laquelle somme sera versée dans la caisse sociale sur simple appel de la gérance notifiée à chaque associé.

Article 7. **Intervention**

Aux présentes sont intervenues :

1. Madame ....
   épouse de M. ....

2. Madame ....
   épouse de M. ....

Etc.

Lesquelles, après avoir pris connaissance des apports faits à la présente société par leurs maris des biens suivants, dépendant de la communauté de biens existant entre eux, ainsi qu'il a été indiqué en tête des statuts, ont déclaré :
- avoir parfaite connaissance des dispositions de l'article 1832-2 du Code civil leur permettant d'obtenir la qualité d'associée pour la moitié des parts souscrites par leurs maris.

Elles déclarent ne pas revendiquer la qualité d'associée, entendant que seuls leurs maris aient cette qualité pour la totalité des parts souscrites.

Article 8. **Capital social**

Le capital social est fixé à la somme de .... € correspondant au total du montant des apports en numéraire des associés.

Il est divisé en parts égales de .... € chacune, souscrites par les associés et qui leur sont attribuées, en proportion de leurs apports respectifs, à savoir :

- à M. ....
  parts sociales, numéro de .... à ...., ci .... parts

- à M. ....
  parts sociales, numéro de .... à ...., ci .... parts

- à M. ....
  parts sociales, numéro de .... à ...., ci .... parts

Etc.

Total égal au nombre de parts sociales composant le capital social, soit .... parts.

Article 9. **Modification du capital social**

Le capital social peut être augmenté, réduit ou amorti selon décision extraordinaire. Ces opérations interviendront selon tout mode approprié. Elles seront effectuées dans le strict respect du principe de l'égalité entre les associés.

Titre III.

Parts sociales

Article 10. **Droits et obligations résultant des parts sociales**

Chaque part sociale donne droit dans la propriété de l'actif social à une fraction proportionnelle au nombre de parts existantes.

Elle donne droit par ailleurs, comme fixé ci-dessous, à la répartition des bénéfices et du boni de liquidation ainsi qu'à l'obligation de la contribution aux pertes.

Elle donne aussi droit de participer aux décisions collectives selon les modalités fixées ci-dessous.

L'associé répond à l'égard des tiers, indéfiniment des dettes sociales à proportion de sa part dans le capital social à la date de l'exigibilité ou au jour de la cessation des paiements.

L'associé qui n'a apporté que son industrie est tenu comme celui dont la participation dans le capital social est la plus faible.

Les créanciers ne peuvent poursuivre le paiement des dettes sociales contre un associé qu'après avoir préalablement et vainement poursuivi la société.

Article 11. **Représentation des parts**

Les parts sociales ne peuvent être représentées par des titres négociables.

Le droit de chaque associé résulte seulement des présents statuts, des actes qui pourraient les modifier et des cessions qui seraient régulièrement consenties et constatées.

Une copie, certifiée conforme par le gérant, de ces documents sera délivrée, aux frais de la société, à tout associé qui en fera la demande.

Article 12. **Cession de parts**

1 - Forme de la cession

La cession des parts doit être constatée par écrit sous seing privé. Cet écrit sera daté et précisera le nom et les prénoms du cédant et du cessionnaire, le nombre et la valeur des parts cédées, le prix de cession.

Lorsque deux époux sont simultanément membres de la société, les cessions faites par l'un d'eux à l'autre, pour être valables, doivent résulter d'un acte notarié ou d'un acte sous seing privé ayant acquis date certaine autrement que par le décès du cédant.

La cession est rendue opposable à la société par la voie, soit d'une signification par acte extrajudiciaire, soit par son acceptation par la société dans un acte authentique.

Elle n'est opposable aux tiers qu'après accomplissement de ces formalités et après publication.

2 - Cession entre associés, conjoints, ascendants, descendants et au profit de tiers

Les parts se transmettent librement à titre gratuit ou onéreux entre associés, ascendants ou descendants du cédant.

Elles ne peuvent être transmises à quelque titre que ce soit à d'autres personnes y compris le conjoint du cédant qu'avec le consentement des associés donné dans la forme d'une décision collective extraordinaire.

Le projet de cession est notifié à la société et à chacun des associés accompagné de la demande d'agrément, par acte d'huissier ou par lettre recommandée avec demande d'avis de réception.

Le gérant convoque une assemblée aux fins de se prononcer sur l'agrément, dans le mois suivant la notification.

Le gérant notifie au cédant, ainsi qu'aux autres associés, par lettre recommandée, avec demande d'avis de réception, la décision d'agrément ou le refus, dans les deux mois qui suivent la notification par le cédant du projet de cession.

En cas de refus d'agrément, chaque associé peut se porter acquéreur des parts que le demandeur se propose de céder. Lorsque plusieurs associés expriment leur volonté d'acquérir, ils sont, sauf clause ou convention contraire, réputés acquéreurs à proportion du nombre de parts qu'ils détenaient antérieurement.

La demande de, ou des associés, est adressée à la société et à chacun des autres associés par lettre recommandée avec demande d'avis de réception dans un délai de 15 jours à partir de la notification par le gérant du refus d'agrément.

Elle indique le nombre de parts dont le rachat est proposé et le prix qui est offert.

Le gérant opère, au vu des diverses demandes présentées, le projet de la répartition des parts comme indiqué ci-dessus.

Si aucun associé ne se porte acquéreur, ou s'il existe un reliquat parce que les demandes reçues ne portent pas sur la totalité des parts, le gérant, au nom de la société, peut faire acquérir les parts par un tiers qu'il désigne.

Le gérant peut aussi, au nom de la société, procéder au rachat des parts. Les parts sont alors annulées et le capital est réduit du montant de la valeur nominale des parts rachetées.

Le gérant notifie au cédant le nom du ou des acquéreurs proposés, associés ou tiers, ou l'offre de rachat par la société, ainsi que le prix offert. Cette notification a lieu sous forme d'une lettre recommandée avec demande d'avis de réception, dans un délai de 4 mois à partir de la notification du projet de cession faite par le cédant.

Le cédant peut, au vu des propositions qui lui sont faites, renoncer à la cession.

Il peut aussi accepter ces propositions mais en contester le prix. Celui-ci est alors fixé par un expert désigné par le candidat acquéreur et le cédant, ou à défaut d'accord entre eux, par ordonnance du président du tribunal de grande instance statuant en la forme des référés et sans recours possible.

L'expert notifie son rapport à la société et à chacun des associés. Jusqu'à l'acceptation, expresse ou tacite, du prix par les parties, celles-ci peuvent renoncer à la cession.

La partie qui renonce à l'opération de cession postérieurement à la désignation de l'expert supporte les honoraires et frais de l'expertise.

Si aucune offre d'achat n'est faite au cédant dans un délai de 6 mois à compter de la date de la dernière des notifications qu'il a faite à la société et aux associés, l'agrément à la cession est réputé acquis à moins que les associés ne décident dans le délai de 6 mois indiqué ci-dessus, la dissolution de la société.

Article 13. **Reconnaissance de la qualité d'associé au conjoint d'un associé**

En cas d'apports de biens communs ou d'acquisition de parts sociales au moyen de fonds communs, le conjoint de l'apporteur ou de l'acquéreur peut, en application de l'article 1832-2 du Code civil, notifier à la société son intention d'être personnellement associé pour la moitié des parts sociales souscrites ou acquises.

Si la notification intervient lors de l'apport ou de l'acquisition, l'acceptation ou l'agrément des associés vaut pour les deux époux.

Si la notification est postérieure à l'apport ou à l'acquisition, le conjoint doit être agréé par décision des associés donnée dans la forme d'une décision collective extraordinaire.

L'époux associé ne participe pas au vote et ses parts ne sont pas prises en compte pour le calcul du quorum et de la majorité. La décision doit être notifiée au conjoint par lettre recommandée avec demande d'avis de réception dans un délai d'un mois à compter de sa demande. A défaut de notification dans ce délai, l'agrément est réputé accordé. En cas de refus d'agrément dûment notifié, l'époux apporteur des biens ou souscripteur des parts demeure associé pour la totalité des parts concernées.

Article 14. **Nantissement**

Les parts sociales peuvent faire l'objet d'un nantissement constaté, soit par acte authentique, soit par acte sous signatures privées, signifié à la société ou accepté par elle dans un acte authentique et donnant lieu à une publicité dont la date détermine le rang des créanciers nantis. Ceux dont les titres sont publiés le même jour viennent en concurrence.

Le privilège du créancier gagiste subsiste, sur les droits sociaux nantis, par le seul fait de la publication du nantissement.

Tout associé peut obtenir des autres associés leur consentement à un projet de nantissement dans les mêmes conditions que leur agrément à une cession de parts selon la procédure décrite à l'article 11.

Le consentement donné au projet de nantissement emporte agrément du cessionnaire en cas de réalisation forcée des parts sociales à la condition que cette réalisation soit notifiée un mois avant la vente aux associés et à la société.

Chaque associé peut se substituer à l'acquéreur dans un délai de cinq jours, à compter de la vente. Si plusieurs associés exercent cette faculté, ils sont réputés acquéreurs à proportion du nombre de parts qu'ils détenaient antérieurement. Si aucun associé n'exerce cette faculté, la société peut racheter elle-même les parts en vue de leur annulation.

Article 15. **Réalisation forcée**

La réalisation forcée qui ne procède pas d'un nantissement auquel les autres associés ont donné leur consentement doit être notifiée un mois avant la vente, comme indiqué ci-dessus, aux associés de la société.

Les associés peuvent dans ce délai, décider la dissolution de la société ou l'acquisition des parts comme en matière de cession. Si la vente a eu lieu, les associés ou la société peuvent exercer la faculté de substitution qui leur est reconnue en matière de nantissement. Le non exercice de cette faculté emporte l'agrément de l'acquéreur.

Article 16. **Retrait d'un associé**

Sans préjudice des droits des tiers, un associé peut se retirer totalement ou partiellement de la société avec l'accord de ses coassociés, pris en la forme d'une décision collective extraordinaire et dans le cadre d'une assemblée.

La demande de retrait doit être notifiée par acte recommandé avec demande d'avis de réception à la société et à chacun des associés trois mois avant la date d'effet.

Le retrait peut également être autorisé pour juste motif par décision du tribunal de grande instance.

L'associé qui se retire a droit au remboursement de la valeur de ses droits, fixée à l'amiable ou à défaut par un expert désigné conformément aux dispositions de l'article 1843-4 du Code civil. Si le bien qu'il a apporté et dont les parts concernées ont constitué la rémunération, se trouve encore en nature dans l'actif social lors du retrait, l'associé peut se le faire attribuer, à charge de soulte s'il y a lieu. A défaut d'accord, la valeur du bien est fixée par un expert désigné conformément à l'article 1843-4 du Code civil. L'associé peut renoncer au retrait jusqu'à l'acceptation expresse ou tacite du prix.

Le gérant, à la suite du retrait, opère la réduction de capital et l'annulation des parts intéressées.

Article 17. **Décès**

En cas de décès d'un associé, la société n'est pas dissoute et continue entre les associés survivants et, s'ils sont agréés en qualité de nouveaux associés, les héritiers et ayants droit de l'associé et éventuellement son conjoint survivant.

En conséquence, les héritiers et ayants droit de l'associé décédé, doivent justifier de leur identité personnelle et de leur qualité héréditaire. Ils doivent en outre notifier à la société leur volonté de devenir associés.

Cette notification ainsi que la réponse des associés se feront dans les conditions prévues à l'article 11, § 2, des présents statuts.

En cas de refus d'agrément de tous les héritiers ou légataires, ou de certains d'entre eux, la valeur des parts sociales de leur auteur leur sera payée par les nouveaux titulaires des parts ou par la société elle-même si celle-ci les a rachetées en vue de leur annulation.

La valeur de ces droits sera déterminée au jour du décès dans les conditions prévues à l'article 1843-4 du Code civil.

S'ils sont agréés en qualité d'associés, les héritiers ou légataires doivent justifier de la désignation d'un mandataire commun chargé de les représenter pendant la durée de l'indivision.

Toute personne morale à laquelle une succession est dévolue doit obtenir l'agrément des associés survivants suivant décision extraordinaire.

Titre IV.

Gérance

Article 18. **Nomination**

La société est gérée par un ou plusieurs gérants, associés ou non, personnes physiques ou morales, désignés pour une durée déterminée ou non.

Sont désignés comme premiers gérants de la société jusqu'à l'assemblée ayant décidé la nomination d'un nouveau gérant :

M. ....

M. ....

Au cours de la vie sociale, le gérant est nommé par décision collective ordinaire.

Le gérant sortant est rééligible.

Article 19. **Fin des fonctions**

Les fonctions du gérant prennent fin à l'arrivée du terme fixé.

Cette fin peut intervenir aussi par démission. Cette démission ne peut avoir lieu que pour causes légitimes.

Le gérant est révocable par une décision collective ordinaire.

Tout gérant révoqué sans juste motif a droit à des dommages-intérêts. Le gérant est également révocable par les tribunaux pour cause légitime, à la demande de tout associé.

Lorsque le gérant est un associé, il peut se retirer de la société en obtenant le remboursement de ses droits sociaux

La révocation du gérant, qu'il soit associé ou non, n'entraîne pas la dissolution de la société.

Article 20. **Absence de gérant**

Si, pour quelque cause que ce soit, la société se trouve dépourvue de gérant, tout associé peut demander au président du tribunal statuant sur requête la désignation d'un mandataire chargé de réunir les associés en vue de nommer un ou plusieurs gérants.

Dans le cas où la société est dépourvue de gérant depuis plus d'un an, tout intéressé peut demander au tribunal la dissolution anticipée de la société.

Article 21. **Publicité de la nomination et de la cessation de fonction**

La nomination et la cessation de fonction des gérants doivent être publiées.

Ni la société, ni les tiers ne peuvent, pour se soustraire à leurs engagements, se prévaloir d'une irrégularité dans la nomination des gérants ou dans la cessation de leur fonction, dès lors que ces décisions ont été régulièrement publiées.

Le nom du premier gérant mentionné dans les présents statuts pourra être omis dans les statuts mis à jour sans qu'il y ait lieu de le remplacer par le nom de la personne qui lui a succédé dans ces fonctions.

Article 22. **Rémunération**

La rémunération du gérant est fixée par décision collective ordinaire.

Pour être informé de nos publications

Bon à nous retourner *pour recevoir notre catalogue complet et être informé de nos futures publications. Si une mise à jour* ***éventuelle*** *complète l'ouvrage indiqué ci-dessous, elle sera jointe à l'envoi gratuitement.*

NOM : .... Prénom : ....

Organisme : ....

Adresse : ....

....

Code postal : .... Ville : ....

☛ Titre de l'ouvrage : ....

☛ Date d'achat : ....

☛ Nom du libraire : ....

Vous pouvez également nous joindre ces renseignements par fax : 01 64 23 69 42 ou e-mail : puitsfleuri@wanadoo.fr

Le gérant a, par ailleurs, droit au remboursement de ses frais de déplacement et de représentation engagés dans le cadre de ses fonctions. Ce remboursement a lieu au vu de pièces justificatives.

Article 23. **Pouvoirs dans les rapports entre associés**

Dans les rapports entre associés, le gérant peut accomplir tous les actes de gestion que demande l'intérêt de la société.

En cas de pluralité de gérants, ceux-ci exercent séparément ces pouvoirs, sauf le droit qui appartient à chaque gérant de s'opposer à une opération avant qu'elle ne soit conclue.

Article 24. **Pouvoirs dans les rapports avec les tiers**

Dans les rapports avec les tiers, le gérant engage la société pour les actes entrant dans l'objet social.

Le gérant peut, en tenant compte des dispositions de l'article 21, constituer hypothèque ou toute autre sûreté réelle sur les biens de la société ou déléguer ses pouvoirs à toute personne, même par acte sous seing privé.

Le gérant a seul la signature sociale. Celle-ci est donnée par l'apposition de la signature, par le gérant, de son propre nom, sous la mention « pour la société SCI ...., le gérant ».

Lorsque plusieurs gérants sont nommés, ceux-ci détiennent séparément les pouvoirs prévus ci-dessus.

L'opposition formée par un gérant aux actes d'un autre gérant, est sans effet à l'égard de tiers à moins qu'il ne soit établi qu'ils en ont eu connaissance.

Article 25. **Responsabilité**

Chaque gérant est responsable individuellement envers la société et envers les tiers, soit des infractions aux lois et règlements, soit des fautes commises dans sa gestion, soit de la violation des statuts.

Il doit consacrer aux affaires sociales tout le temps et les soins nécessaires. S'il en était autrement, il engagerait sa responsabilité.

Si plusieurs gérants ont participé aux mêmes faits, leur responsabilité est solidaire à l'égard des tiers et des associés. Toutefois, dans leurs rapports entre eux, le tribunal détermine la part contributive de chacun dans la réparation du dommage.

Si une personne morale exerce la gérance, ses dirigeants sont soumis aux mêmes conditions et obligations et encourent les mêmes responsabilités, civiles et pénales, que s'ils étaient gérants en leur nom propre sans préjudice de la responsabilité solidaire de la personne morale qu'ils dirigent.

Titre V.

Décisions collectives

Article 26. **Domaine**

Les décisions qui excèdent les pouvoirs reconnus aux gérants sont prises dans les conditions fixées ci-dessous.

Article 27. **Forme**

Les décisions collectives statuant sur les comptes sociaux sont prises en assemblée. Il en est de même de toutes celles décidant une modification des statuts. Toutes les autres décisions peuvent être prises au choix du gérant soit en assemblée, soit par consultation écrite des associés.

Article 28. **Objet**

Les décisions collectives sont qualifiées d'extraordinaires ou d'ordinaires.

Les décisions extraordinaires sont celles qui modifient les statuts. Ce sont aussi celles qui interviennent dans les domaines plus importants de la vie sociale selon les précisions apportées par les présents statuts.

Toutes les autres décisions prises en assemblée ou lors des consultations écrites sont qualifiées de décisions collectives ordinaires.

Article 29. **Majorité**

Les décisions extraordinaires ne sont valablement prises qu'autant qu'elles ont été adoptées par un ou des associés représentant plus des trois quarts du capital social.

Les décisions ordinaires sont prises par un ou des associés représentant plus de la moitié du capital social.

Article 30. **Modalités de la consultation dans le cadre d'une assemblée**

1 - Convocation

Les associés sont convoqués aux assemblées par le gérant sous forme d'une lettre recommandée qui leur est adressée quinze jours au moins avant la date de la réunion. Tout associé peut, à tout moment, par lettre recommandée, demander au gérant de provoquer une délibération des associés, sur une question déterminée. Le gérant procède alors à la convocation de l'assemblée selon les formes habituelles, mais le gérant peut valablement se contenter d'inscrire la question soumise à l'ordre du jour de la prochaine assemblée. Il est tenu cependant de réunir l'assemblée si la question posée porte sur le retard du gérant à accomplir l'une de ses obligations.

2 - Ordre du jour

L'ordre du jour de l'assemblée est arrêté par l'auteur de la convocation. La lettre de convocation le précise.

Le contenu de l'ordre du jour et la portée des questions qui y sont inscrites, doivent apparaître clairement sans qu'il y ait lieu de se reporter à d'autres documents.

3 - Résolutions et documents d'information

L'ordre du jour doit être accompagné du texte des résolutions et de tout document nécessaire à l'information des associés.

Par ailleurs, durant le délai de quinze jours précédant l'assemblée, les documents adressés aux associés sont tenus la disposition des associés au siège social où ils peuvent en prendre connaissance ou copie.

4 - Réunion de l'assemblée

L'assemblée est réunie au siège social ou en tout autre lieu indiqué dans la lettre de convocation.

Elle est présidée par le gérant. Si celui-ci n'est pas associé, elle est présidée par l'associé présent et acceptant qui possède ou représente le plus grand nombre de parts sociales. Si deux associés qui possèdent ou représentent le même nombre de parts sociales sont acceptants, la présidence est assurée par le plus âgé. Un secrétaire, associé ou non, peut être désigné.

5 - Représentation. Vote

Chaque associé a le droit de participer aux décisions et dispose d'un nombre de voix égal à celui des parts qu'il possède.

Un associé peut se faire représenter par un autre associé ou par son conjoint.

Les copropriétaires d'une part sociale indivise sont représentés par un mandataire unique, choisi parmi les indivisaires ou en dehors d'eux. En cas de désaccord, le mandataire sera désigné en justice à la demande du plus diligent.

Si une part est grevée d'un usufruit, le droit de vote appartient au nu-propriétaire, sauf pour les décisions concernant l'approbation du rapport du gérant et l'affectation des bénéfices où il est réservé à l'usufruitier.

6 - Procès-verbaux

Toute délibération des associés est constatée par un procès-verbal indiquant la date et le lieu de la réunion, les nom et prénoms des associés présents ou représentés, le nombre de parts détenues par chacun d'eux, les documents et rapports qui leur ont été soumis, le texte des résolutions mises aux voix, les nom, prénoms et qualité du président, un résumé des débats et le résultat des votes.

Les procès-verbaux sont établis et signés par les gérants et, s'il y a lieu, par le président de l'assemblée.

Les procès-verbaux sont établis sur un registre spécial tenu au siège de la société, coté et paraphé dans la forme ordinaire et sans frais, soit par un juge du tribunal de commerce ou du tribunal d'instance, soit par le maire ou un adjoint au maire de la commune du siège de la société.

Les procès-verbaux peuvent aussi être établis sur des feuilles mobiles numérotées sans discontinuité, paraphées dans les conditions prévues à l'alinéa précédent et revêtues du sceau de l'autorité qui les a paraphées. Dès qu'une feuille a été remplie même partiellement, elle doit être jointe à celles précédemment utilisées. Toute addition, suppression, substitution ou interversion de feuilles est interdite.

Les copies ou extraits des procès-verbaux des associés sont valablement certifiés conformes par un seul gérant.

Au cours de la liquidation de la société, leur certification est valablement effectuée par un seul liquidateur.

Article 31. **Modalités de la consultation écrite des associés**

1 - Forme

Lorsqu'une consultation écrite est possible, conformément aux dispositions de l'article 25, les mêmes documents que ceux prévus en cas d'assemblée sont adressés aux associés par lettre recommandée avec demande d'avis de réception. Les associés disposent alors d'un délai de vingt jours à compter de la date de réception de ces documents pour émettre leur vote par écrit. Tout associé qui n'aura pas répondu dans ce délai sera considéré comme s'étant abstenu. Pour chaque résolution, le vote est exprimé par oui ou par non.

2 - Procès-verbaux

Les procès-verbaux sont tenus dans les mêmes conditions que celles prévues pour les procès-verbaux d'assemblée, à l'exclusion de toutes les mentions concernant la seule assemblée. Il est mentionné que la consultation a été effectuée par écrit et justifié que les formalités ont été respectées.

La réponse de chaque associé est annexée à ces procès-verbaux.

Titre VI.

L'information permanente des associés

Article 32. **Droit de communication des statuts**

Tout associé a le droit, à toute époque, d'obtenir au siège social, la délivrance d'une copie certifiée des statuts en vigueur au jour de la demande. Est annexée à ce document la liste mise à jour des associés ainsi que des gérants.

Article 33. **Droit de communication des livres et documents**

L'associé a le droit de prendre par lui-même, deux fois par an, connaissance au siège social de tous les livres et documents sociaux, des contrats, factures, correspondances, procès-verbaux et plus généralement de tout document établi par la société ou reçu par elle.

Le droit de prendre connaissance emporte celui de prendre copie. Dans l'exercice de ces droits, l'associé peut se faire assister d'un expert choisi parmi les experts agréés par la Cour de cassation ou les experts près d'une Cour d'appel.

Article 34. **Questions écrites**

Les associés ont le droit de poser par écrit, deux fois par an, au gérant des questions sur la gestion sociale auxquelles il devra être répondu par écrit dans le délai d'un mois. Les questions et les réponses seront faites sous forme de lettres recommandées.

Titre VII.

Exercice social - Comptes Présentation, affectation et répartition des résultats

Article 35. **Exercice social**

L'exercice social a une durée de douze mois. Il débute le 1er janvier et se termine le 31 décembre.

Par exception, le premier exercice social s'étendra de la date d'immatriculation de la société au registre du commerce au 31 décembre.

Article 36. **Comptes sociaux**

1 - Etablissement des comptes sociaux

A la clôture de chaque exercice, la gérance dresse l'inventaire des divers éléments de l'actif et du passif existant à cette date.

Elle dresse également le compte de résultat, le bilan et l'annexe.

Elle établit un rapport écrit sur la situation de la société et l'activité de celle-ci pendant l'exercice écoulé.

2 - Formes et méthodes d'évaluation des comptes sociaux

Le compte de résultat, le bilan et l'annexe sont établis après chaque exercice selon les mêmes formes et les mêmes méthodes d'évaluation que les années précédentes.

Le montant des engagements cautionnés, avalisés ou garantis est mentionné à la suite du bilan.

Si d'autres méthodes que celles prévues par les dispositions en vigueur ont été utilisées pour l'évaluation des biens de la société, dans l'inventaire et le bilan, il en est fait mention dans le rapport du gérant.

En cas de proposition de modification, l'assemblée générale, au vu des comptes établis selon les formes et méthodes tant anciennes que nouvelles, et sur rapport du gérant et des commissaires aux comptes s'il en existe, se prononce sur les modifications proposées.

3 - Amortissements et provisions

Même en cas d'absence ou d'insuffisance de bénéfices, il est procédé aux amortissements et provisions nécessaires pour que le bilan soit sincère.

La dépréciation de la valeur d'actif des immobilisations qu'elle soit causée par l'usure, le changement des techniques ou toute autre cause, doit être constatée par des amortissements. Les moins-values sur les autres éléments d'actif et les pertes et charges probables doivent faire l'objet de provisions.

Article 37. **Affectation et répartition des bénéfices**

Les produits nets de l'exercice, déduction faite des frais généraux et autres charges de la société y compris tous amortissements et provisions, constituent les bénéfices nets.

Le bénéfice distribuable est constitué par le bénéfice net de l'exercice diminué des pertes antérieures et augmenté des reports bénéficiaires.

Ce bénéfice est réparti entre tous les associés proportionnellement au nombre de parts appartenant à chacun d'eux. Toutefois, les associés peuvent, sur la proposition de la gérance, reporter à nouveau tout ou partie de la part leur revenant dans les bénéfices ou affecter tout ou partie de cette part à toutes réserves générales ou spéciales dont ils décident la création et déterminent l'emploi s'il y a lieu.

Les pertes, s'il en existe, et après imputation sur les bénéfices non répartis, sur les réserves puis sur le capital, sont supportées par les associés proportionnellement au nombre de parts leur appartenant.

Titre VIII.

Transformation - Dissolution Liquidation - Partage

Article 38. **Transformation**

La transformation de la société en une société en nom collectif ou en commandite, simple ou par actions, appelle l'accord unanime des associés donné en assemblée. La transformation en société à responsabilité limitée ou en société anonyme est prononcée en assemblée dans les conditions d'une décision extraordinaire.

La décision de transformation est prise au vu d'un rapport du gérant apportant toute précision sur le projet de transformation.

La transformation de la société n'entraîne pas la création d'une personne morale nouvelle.

Article 39. **Dissolution**

1 - Dissolution à l'arrivée du terme et possibilité de prorogation

La société est dissoute à l'arrivée du terme fixé. La prorogation de la société peut cependant être décidée par les associés. Elle intervient alors en assemblée dans les conditions de majorité des décisions extraordinaires.

Un an au moins avant la date d'expiration de la société, les associés doivent être consultés à l'effet de décider de cette prorogation.

A défaut par le gérant de procéder à cette convocation, tout associé peut, après avoir mis en demeure le gérant d'y procéder par lettre recommandée avec accusé de réception, demander au président du tribunal de grande instance statuant sur requête la désignation d'un mandataire chargé de consulter les associés sur cette question.

2 - Dissolution anticipée

a) Réunion de toutes les parts en une seule main

La réunion de toutes les parts sociales en une seule main n'entraîne pas la dissolution de plein droit de la société. Tout intéressé peut demander la dissolution de la société si la situation n'a pas été régularisée dans un délai d'un an.

L'associé unique peut dissoudre la société à tout moment par déclaration au greffe du tribunal de grande instance.

L'appartenance de l'usufruit de toutes les parts sociales à la même personne est sans conséquence sur l'existence de la société.

b) Décision des associés

Les associés peuvent décider à tout moment la dissolution anticipée de la société en assemblée dans les conditions de majorité d'une décision extraordinaire.

c) Absence de gérant

Dans le cas où la société est dépourvue de gérant depuis plus d'un an, tout intéressé peut demander au tribunal la dissolution anticipée de la société.

Article 40. **Liquidation**

La dissolution de la société entraîne sa liquidation. Il n'en est autrement qu'en cas de fusion ou de scission.

La personnalité morale de la société subsiste pour les besoins de la liquidation jusqu'à la publication de la clôture de celle-ci.

Pendant la durée de la liquidation, la dénomination de la société est suivie de la mention « société en liquidation » et doit être accompagnée du nom du liquidateur.

La dissolution de la société met fin aux fonctions de gérant. La collectivité des associés conserve les mêmes pou-voirs qu'avant la dissolution de la société. Elle règle le mode de liquidation et nomme un liquidateur qui peut être le gérant.

Le liquidateur exerce sa mission pendant le délai nécessaire à son accomplissement. Il dispose des pouvoirs les plus étendus à cet effet et notamment ceux de vendre soit à l'amiable, soit aux enchères, en bloc ou en détail, tous les biens et droits de toute nature, mobiliers et immobiliers, appartenant à la société afin de parvenir à l'entière liquidation de la société. Il ne peut, sans autorisation de la collectivité des associés, faire entreprendre de nouvelles activités par la société.

Il procède aux publicités nécessaires.

Le liquidateur rend compte, une fois par an, de l'accomplissement de sa mission aux associés qu'il réunit en assemblée convoquée dans les conditions fixées par l'article 28 ci-dessus.

La décision de clôture de la liquidation est prise par les associés en assemblée après approbation des comptes définitifs de la liquidation.

Si la clôture de la liquidation n'est pas intervenue dans un délai de 3 ans à compter de la dissolution, le Ministère public ou tout intéressé peut saisir le tribunal qui fait procéder à la liquidation ou, si celle-ci a été commencée, à son achèvement.

Le liquidateur a droit à une rémunération qui est fixée par la décision de nomination.

Le liquidateur est révocable par décision collective ordinaire.

La nomination et la révocation d'un liquidateur ne sont opposables au tiers qu'à compter de leur publication. Ni la société, ni les tiers ne peuvent, pour se soustraire à leurs engagements, se prévaloir d'une irrégularité dans la nomination ou dans la révocation du liquidateur, dès lors que celles-ci ont été régulièrement publiées.

Article 41. **Partage**

Le produit net de la liquidation, après extinction du passif et des charges de la société, est affecté au remboursement des droits des associés dans le capital social. Le solde, ou boni, est réparti entre les associés dans la même proportion que leur participation aux bénéfices.

Il est fait application des règles concernant le partage des successions, y compris l'attribution préférentielle.

Cependant, tout bien apporté qui se retrouve en nature dans la masse partagée, est attribué sur sa demande et à charge de soulte, s'il y a lieu, à l'associé qui en avait fait l'apport. Cette faculté s'exerce avant tout autre droit à une attribution préférentielle.

Si les résultats de la liquidation font apparaître une perte, celle-ci est supportée par les associés dans la même proportion que le boni.

Titre IX.

Actes accomplis pour le compte de la société en formation

Article 42. **Actes accomplis pour le compte de la société en formation**

Les associés donnent dès à présent mandat à M. .... ci-avant désigné comme gérant, à l'effet de conclure pour le compte de la société les actes et engagements suivants :

....

....

Après immatriculation de la société au Registre du Commerce et des Sociétés, une assemblée générale ordinaire réunie extraordinairement, approuvera lesdits actes et engagements pris pour le compte de la société.

Titre X.

Dispositions diverses

Article 43. **Contestations**

Toutes les contestations concernant les affaires sociales qui pourraient s'élever entre les associés, ou ces derniers et la société, pendant la durée de la société et de sa liquidation, seront portées devant le tribunal de grande instance du siège social.

En conséquence, tout associé devra faire élection de domicile dans le ressort du tribunal compétent du lieu du siège social et toutes assignations et significations seront régulièrement faites à ce domicile. A défaut d'élection de domicile, les assignations et significations sont valablement faites au parquet du Procureur de la République près le tribunal de grande instance du siège social.

Article 44. **Election de domicile**

Pour l'exécution des présentes, les parties font élection de domicile au siège social de la société, avec attribution de juridiction au tribunal de grande instance de ce siège.

Article 45. **Publicité**

Tous pouvoirs sont donnés aux gérants pour accomplir les formalités de publicité prescrites par la législation et, en particulier, pour signer l'avis à insérer dans un journal d'annonces légales du département du siège social.

Article 46. **Frais**

Tous les frais, droits et honoraires résultant des présents statuts seront portés au compte des frais généraux du premier exercice social.

Fait à ....,
Le ....

En autant d'exemplaires que requis par la loi.

Différents documents

Déclaration de constitution d'une SCI

Mo Cosa

DECLARATION DE CRÉATION D'UNE ENTREPRISE

PERSONNE MORALE

N° 11680*01

RESERVE AU CFE M G U I D B E F H J K T

Déclaration n° ____

reçu le ____ transmise le ____

1
- ❒ CONSTITUTION D'UNE SOCIETE AVEC ACTIVITE — celle-ci résulte d'une fusion/scission ❒
- ❒ CONSTITUTION D'UNE SOCIETE SANS ACTIVITE *(Ne pas remplir les cadres 5, 6, 7, 8 et 9)*
- ❒ OUVERTURE DU PREMIER ETABLISSEMENT EN FRANCE D'UNE SOCIETE COMMERCIALE AYANT SON SIEGE A L'ETRANGER
- ❒ CONSTITUTION D'UNE PERSONNE MORALE DONT L'IMMATRICULATION EST PRÉVUE PAR UN TEXTE (sauf GIE/GEIE)

REMPLIR DANS TOUS LES CAS : pour les sociétés commerciales les cadres N° 1, 2, 3, 4 et/ou 4bis, 7, 8, 9, 10, 13, 15, 16, ET le cas échéant 2bis, 5, 6, 11, 12, 14.
pour les sociétés civiles les cadres N° 1, 2, 3, 4, 7, 9, 10, 13, 15, 16, ET le cas échéant 5, 12, 14.

DÉCLARATION RELATIVE A LA PERSONNE MORALE

2 **DENOMINATION** ____
Sigle ____
Forme juridique ____
❒ Société constituée d'un associé unique / **Durée de la personne morale** ____
Capital *montant, unité monétaire* : ____ Si capital variable, *minimum* : ____
Date de clôture de l'exercice social |_|_|_|_| le cas échéant, du 1er exercice social |_|_|_|_|_|_|_|_|

2bis **NOM COMMERCIAL** ____

3 **ACTIVITE(S) PRINCIPALE(S) de l'entreprise** ____

4 **ADRESSE DU SIEGE**
rés., bât., app., étage., n°, voie, lieudit ____
Code postal |_|_|_|_|_| Commune / Pays ____
❒ **Contrat de domiciliation** : Nom du domiciliataire ____
N° unique d'identification |_|_|_|_|_|_|_|_|_|
❒ Domiciliation provisoire au domicile du représentant légal

4bis **SOCIETES COMMERCIALES ETRANGERES : PREMIER ETABLISSEMENT EN FRANCE**
rés., bât., app., étage., n°, voie, lieudit ____
Code postal |_|_|_|_|_| Commune ____
Registre public du siège à l'étranger : Lieu ____
N° d'immatriculation : ____

DÉCLARATION RELATIVE A L'ETABLISSEMENT

5 **ADRESSE DE L'ETABLISSEMENT où s'exerce l'activité, si différente du siège et relevant du même greffe**
sinon remplir imprimé M2 (voir notice) :
rés., bât., app., étage., n°, voie, lieudit ____
Code postal |_|_|_|_|_| Commune ____

6 **ENSEIGNE** ____

7 **Date de début d'ACTIVITE** |_|_|_|_|_|_|_|_| ❒ Permanente ❒ Saisonnière / ❒ Ambulant
Activités exercées dans l'établissement : ____
Parmi ces activités exercées, indiquer la plus importante : ____
Pour celle-ci, préciser en ne cochant qu'une seule case :
Sa nature
- ❒ Comm. de détail ❒ Transport ❒ Services ❒ Import export
- ❒ Comm.de gros ou Interméd.du commerce ❒ Fabrication, production
- ❒ Profession libérale ❒ Loc. meublés ❒ Montage, installation
- ❒ Réparation ❒ Bât.,travaux publics ❒ Extraction
- ❒ Autre ____

Son lieu d'exercice :
- ❒ Magasin (surface : ____ m²) ❒ Bureau, cabinet ❒ Sur marché
- ❒ En clientèle ❒ Usine ❒ Atelier
- ❒ Dépôt, entrepôt ❒ Sur chantier ❒ Mine, carrière
- ❒ Autre ____

8 **POUR UN FONDS DE COMMERCE OU ARTISANAL : ORIGINE**
❒ Création, **passer directement au cadre suivant**
❒ Achat ❒ Apport ❒ Location-gérance ❒ Autre ____
Précédent exploitant : N° unique d'identification |_|_|_|_|_|_|_|_|_|
Nom de naissance / Dénomination ____
Nom d'usage ____ Prénoms ____
Achat, Apport : Journal d'annonces légales, date de parution |_|_|_|_|_|_|_|_|
Nom du journal : ____
Location-gérance : contrat du |_|_|_|_|_|_|_|_| au |_|_|_|_|_|_|_|_|
Renouvellement par tacite reconduction ❒ oui ❒ non
Loueur du fonds : *si différent du précédent exploitant*
Nom de naissance / Dénomination ____
Nom d'usage ____ Prénoms ____
Domicile / Siège ____
Code postal |_|_|_|_|_| Commune ____

9 **EFFECTIF SALARIE :** ❒ non ❒ oui, nombre : |___| dont : |___| apprentis |___| VRP
Date d'embauche du 1er salarié |_|_|_|_|_|_|_|_|

DÉCLARATION RELATIVE AUX DIRIGEANTS à compléter par le volet social TNS pour ceux relevant du régime des travailleurs non salariés. Suite des dirigeants sur intercalaire(s) M0

10 **QUALITE** ____
Pour les sociétés commerciales, l'intéressé peut-il engager seul la société ❒ oui ❒ non
Nom de naissance ____
Nom d'usage ____ Prénom ____
Né(e) le |_|_|_|_|_|_|_|_| à ____ Nationalité ____
Dénomination, forme juridique ____
Domicile / Siège ____
Code postal |_|_|_|_|_| Commune ____
Pour une personne morale Lieu et n° d'immatriculation ____

REPRESENTANT DE LA PERSONNE MORALE DIRIGEANTE *(seulement lorsqu'un texte le prévoit)*
Nom de naissance ____
Nom d'usage ____ Prénom ____
Né(e) le |_|_|_|_|_|_|_|_| à ____ Nationalité ____
Domicile ____
Code postal |_|_|_|_|_| Commune ____

POUR LES ASSOCIES MARIES de société en nom collectif, société civile professionnelle, société en commandite
Date du mariage |_|_|_|_|_|_|_|_|
Dept. |_|_|_| Commune / Pays *si étranger* ____
Régime actuel : ❒ Sans contrat (1) ❒ Avec contrat : ____
Conjoint commun en biens : Nom de naissance ____
Nom d'usage ____ Prénoms ____
Cas particuliers affectant le régime matrimonial :
- ❒ Procédure en cours ou décision affectant le régime *Séparation de biens, liquidation anticipée des acquêts*
- ❒ Restriction à la libre disposition des biens des époux *Contrat de mariage, décision ou demande judiciaire*
- ❒ En cas d'application d'une loi étrangère, *désignation du pays et du régime matrimonial* :

(1) La mention relative à l'absence de contrat de mariage ne signifie pas que le régime légal français est applicable.

QUALITE ____
Pour les sociétés commerciales, l'intéressé peut-il engager seul la société ❒ oui ❒ non
Nom de naissance ____
Nom d'usage ____ Prénom ____
Né(e) le |_|_|_|_|_|_|_|_| à ____ Nationalité ____
Dénomination, forme juridique ____
Domicile / Siège ____
Code postal |_|_|_|_|_| Commune ____
Pour une personne morale Lieu et n° d'immatriculation ____

REPRESENTANT DE LA PERSONNE MORALE DIRIGEANTE *(seulement lorsqu'un texte le prévoit)*
Nom de naissance ____
Nom d'usage ____ Prénom ____
Né(e) le |_|_|_|_|_|_|_|_| à ____ Nationalité ____
Domicile ____
Code postal |_|_|_|_|_| Commune ____

POUR LES ASSOCIES MARIES de société en nom collectif, société civile professionnelle, société en commandite
Date du mariage |_|_|_|_|_|_|_|_|
Dept. |_|_|_| Commune / Pays *si étranger* ____
Régime actuel : ❒ Sans contrat (1) ❒ Avec contrat : ____
Conjoint commun en biens : Nom de naissance ____
Nom d'usage ____ Prénoms ____
Cas particuliers affectant le régime matrimonial :
- ❒ Procédure en cours ou décision affectant le régime *Séparation de biens, liquidation anticipée des acquêts*
- ❒ Restriction à la libre disposition des biens des époux *Contrat de mariage, décision ou demande judiciaire*
- ❒ En cas d'application d'une loi étrangère, *désignation du pays et du régime matrimonial* :

(1) La mention relative à l'absence de contrat de mariage ne signifie pas que le régime légal français est applicable.

11 **S.A.R.L : GERANCE** ❒ MINORITAIRE / EGALITAIRE, une société est associée ❒ oui ❒ non ❒ MAJORITAIRE / Collège majoritaire, le conjoint associé participe à l'activité sans être rémunéré ❒ oui ❒ non

DÉCLARATION RELATIVE AUX PERSONNES AUTRES QUE LE(S) DIRIGEANT(S), LIEES A L'EXPLOITATION - Suite sur intercalaire(s) M0'

12 ❒ **PERSONNE AYANT LE POUVOIR D'ENGAGER LA PERSONNE MORALE** dont pouvoir est limité à l'établissement déclaré ci-dessus ❒ oui ❒ non — Pour les sociétés commerciales, l'intéressé engage la société ❒ seul ❒ conjointement
Nom de naissance ____ Nom d'usage ____ Prénoms ____
Né(e) le |_|_|_|_|_|_|_|_| Dépt. |_|_|_| Commune / Pays ____ Nationalité ____
Domicile ____ Code postal |_|_|_|_|_| Commune ____

OPTION(S) FISCALE(S)

13 **B.N.C** ❒ Déclaration contrôlée BNC — **B.I.C** ❒ Réel simplifié ❒ Réel normal — **I.S** ❒ Réel simplifié ❒ Réel normal
OPTIONS PARTICULIERES : ❒ Assujettissement à l'IS *(pour les sociétés civiles ou de personnes)* ❒ Régime des sociétés de personnes *(pour les S.A.R.L de famille)*
T . V . A : ❒ Franchise en base ❒ Réel simplifié ❒ Mini-réel ❒ Réel normal
❒ Assujettissement à la TVA en cas d'opérations imposables sur option.
❒ Option pour le dépôt d'une déclaration annuelle de régularisation portant sur l'exercice comptable.
❒ Option pour le dépôt de déclarations trimestrielles, *si TVA estimée inférieure à un plafond de 4 000 €/an.*
En cas d'enregistrement préalable des statuts, désignation de la recette des impôts : ____
Date d'enregistrement |_|_|_|_|_|_|_|_|

RENSEIGNEMENTS COMPLEMENTAIRES

14 **OBSERVATIONS :** ____

15 **ADRESSE de correspondance** ❒ Déclarée au cadre n° ____ ❒ Autre : ____ Code Postal |_|_|_|_|_| Commune ____
Téléphone(s) ____ Fax / e-mail ____

16 **Le présent document constitue une demande d'immatriculation au RCS, le cas échéant au RM, et vaut déclaration aux services fiscaux, aux organismes sociaux, à l'INSEE et s'il y a lieu, à l'inspection du travail.**
Quiconque donne, de mauvaise foi, des indications inexactes ou incomplètes s'expose à des sanctions pénales pouvant aller jusqu'à l'emprisonnement.

❒ LE REPRESENTANT LEGAL *Déclaré au cadre N°* ____
❒ LE MANDATAIRE *ayant procuration*
nom, prénom / dénomination et adresse

Certifie l'exactitude des renseignements donnés
Fait à ____
Le ____
Nombre d'intercalaire(s) : ____ de volet(s) TNS : ____

SIGNATURE :
Signer chaque feuillet séparément.

La loi n°78-17 du 6 janvier 1978 relative à l'informatique, aux fichiers et aux libertés, s'applique aux réponses faites à ce formulaire pour les personnes physiques. Elle leur garantit un droit d'accès et de rectification pour les données les concernant auprès des organismes destinataires de ce formulaire.

Déclaration en conformité

REGISTRE DU COMMERCE ET DES SOCIETES

DECLARATION EN CONFORMITE DE L'ARTICLE 22 DE L'ARRETE DU 21 AOUT 1978

Je soussigné ....

demeurant à ....

Déclare, conformément à l'Article 22 de l'Arrêté du Garde des Sceaux, Ministre de la Justice, du 21 Août 1978, pris à la suite du Décret n°78-705 du 3 Juillet 1978, modifiant et complétant le Décret n°67-237 du 23 Mars 1967 relatif au Registre du Commerce.

N'avoir fait l'objet d'aucune condamnation pénale ni de sanction civile ou administrative de nature à m'interdire soit d'exercer une activité commerciale ou professionnelle, soit de gérer, d'administrer ou de diriger une personne morale.

Fait à ....

le ....

Signature

Rappel de l'ordonnance n°50-1352 du 21 Décembre 1958 réprimant certaines infractions en matière de Registre du Commerce :

ARTICLE 2 : Quiconque donne, de mauvaise foi, des indications inexactes ou incomplètes en vue d'une immatriculation, d'une radiation ou d'une mention complémentaire ou rectificative au Registre du Commerce, **EST PUNI D'UNE AMENDE DE 500 à 20 000 F** et **D'UN EMPRISONNEMENT DE DIX JOURS** ou de l'une de ces deux peines seulement.

Déclaration fiscale des sociétés immobilières non soumises à l'impôt sur les sociétés

cerfa

N° 10338 * 08
Formulaire obligatoire
Article 46 C
de l'annexe III au Code
général des impôts

Liberté • Égalité • Fraternité
RÉPUBLIQUE FRANÇAISE

DÉCLARATION DES SOCIÉTÉS IMMOBILIÈRES NON SOUMISES À L'IMPÔT SUR LES SOCIÉTÉS

Pour remplir cette déclaration, reportez-vous à la notice

N° 2072

Déclaration relative à l'année 2003

Jours et heures de réception du service →

Adresse de ce service où il convient de renvoyer deux exemplaires préidentifiés de la présente déclaration →

Identification du destinataire →

Adresse du déclarant (quand celle-ci est différente de l'adresse du destinataire)

Recette, CDIR		N° de dossier		Clé		Régime		Insp., IFU

N° SIRET .... Code activité ....

Rayer les indications imprimées par ordinateur qui ne correspondent plus à la situation exacte de la société (dénomination, activité, adresse, n° siret, ...) et signaler ci-contre le changement intervenu.

Facilitez-vous l'impôt et faites vos démarches sur internet avec le site www.impots.gouv.fr

Cette déclaration est à adresser en un exemplaire au service des impôts du lieu du principal établissement de la société au plus tard le 30 mars 2004 (application du report de la date limite de dépôt de la déclaration des revenus n° 2042).
Le principal établissement doit s'entendre du lieu de la direction effective de la société.
Selon le mode d'organisation, le service des impôts dont relève la société sera une recette élargie, un CDI-Recette, un centre des impôts ou la direction des grandes entreprises.

Adresse du siège social au 1er janvier 2004 : ....
Adresse du siège social au 1er janvier 2003 (en cas de changement) : ....
Montant du capital : .... Nombre et montant nominal des parts : ....
Nom et adresse du gérant : .... Tél. : ....

LISTE DES PROPRIÉTÉS RURALES ET URBAINES APPARTENANT À LA SOCIÉTÉ

numéro de l'immeuble	Nature ❶	Si vous optez pour le régime de l'amortissement ou pour une des déductions forfaitaires majorées, cochez **s'il y a lieu** la case correspondante			Adresse (numéro et rue ou lieu-dit, commune et code postal)
		Option amortisssement (Périssol, Besson neuf ou Robien)	Option 40 % (Besson ancien)	Option 60 % (Lienemann)	
Immeuble 1		☐	☐	☐	
Immeuble 2		☐	☐	☐	
Immeuble 3		☐	☐	☐	
Immeuble 4		☐	☐	☐	
Immeuble 5		☐	☐	☐	
Immeuble 6		☐	☐	☐	
Immeuble 7		☐	☐	☐	

DÉSIGNATION DES ASSOCIÉS OU TIERS QUI BÉNÉFICIENT DE LA JOUISSANCE GRATUITE DE TOUT OU PARTIE DES IMMEUBLES DE LA SOCIÉTÉ

Nom et prénom (ou raison sociale) des bénéficiaires	Adresse complète au 1er janvier 2004	Identification des immeubles attribués en jouissance gratuite		
		Adresse de l'immeuble	Localisation (Bât., esc., étage, porte)	Consistance ❷

A ...., le .... 2004 SIGNATURE :

En application de la loi n° 78-17 du 6 janvier 1978 modifiée relative à l'informatique, aux fichiers et aux libertés, vous disposez d'un droit d'accès et de rectification pour les données vous concernant auprès du service des impôts où doit être déposée cette déclaration.

MINISTÈRE DE L'ÉCONOMIE DES FINANCES ET DE L'INDUSTRIE

N° 2072-DSF – IMPRIMERIE NATIONALE 2004 443151 D – Janvier 2004 – 3 0181331 ♦ C4

2 **REVENUS DE L'ENSEMBLE DES PROPRIÉTÉS BÂTIES ET NON BÂTIES DÉTERMINÉS SELON LES DISPOSITIONS APPLICABLES**

		Immeuble n° 1	Immeuble n° 2	Immeuble n° 3	Immeuble n° 4
	Très important : Les revenus des bâtiments d'exploitation des propriétés rurales sont imposables. La fraction des fermages correspondante doit donc être déclarée dans les recettes brutes encaissées. Les charges s'y rapportant peuvent être déduites.	1	2	3	4
	RECETTES				
1	Montant brut des fermages ou des loyers perçus				
	Remboursement par les locataires des dépenses acquittées par la société				
2	Recettes qu'aurait pu produire la location des propriétés ou locaux (autres que d'habitation) dont la société se réserve la jouissance ou qu'elle met gratuitement à la disposition des associés ou des tiers				
3	Dépenses incombant normalement à la société et mises par convention à la charge des locataires (4)				
4	Recettes brutes diverses. Subventions ANAH, indemnités d'assurance (5)				
5	TOTAL des lignes 1 à 4				
	DÉDUCTIONS, FRAIS ET CHARGES				
6	Dépenses incombant normalement aux locataires et acquittées par la société				
7	Indemnités d'éviction, frais de relogement, frais d'adhésion à des associations foncières urbaines				
8	REVENU BRUT soumis à déduction forfaitaire pour frais divers [ligne 5 – (lignes 6 et 7)]				
9	Frais divers: propriétés rurales (cas général) 14 %; propriétés rurales (cas particulier) 15 % (6); propriétés urbaines (cas général) 14 %; cas particulier 25 %, 40 % ou 60 % (11) (12); cas particulier 6 % (7) (8) (9) (10) (15) — du revenu brut ligne 8 (13)				
10	Montant de la déduction pratiquée en **2003** au titre de l'amortissement (14)				
11	Frais réels de gérance des immeubles *(à l'exclusion des rémunérations versées aux associés)*, de rémunération des gardes et concierges				
12	Primes d'assurances pour risque de loyers impayés ou afférentes aux immeubles ruraux				
13	Paiements effectués sur travaux de réparation, d'amélioration ou de démolition (16) (26) (27)				
14	Dépenses d'entretien				
15	Dépenses de reconstitution de toiture ou de murs extérieurs d'immeubles existants (17) (26)	»	»	»	»
16	Dépenses de transformation en logement de tout ou partie d'un immeuble (18)	»	»	»	»
17	Dépenses de grosses réparations (colonne 13 seulement) (17)	»	»	»	»
18	Primes d'assurances, frais de promotion et de publicité (19)	»	»	»	»
19	Impositions (y compris la CRL payée en 2003) (20)				
20	Provisions pour charges (uniquement pour les copropriétaires bailleurs) (21)				
21	TOTAL DES DÉDUCTIONS, FRAIS ET CHARGES [lignes (6 à 7) + (9 à 20)]				
22	INTÉRÊTS DES EMPRUNTS contractés pour l'acquisition, la construction, la réparation, l'amélioration ou la conservation des immeubles				
23	REVENU OU DÉFICIT ( ) par catégorie d'immeubles [ligne 5 – (lignes 21 + 22)]				
24	Réintégration du supplément de déduction (22)				
25	Rémunérations et avantages en nature attribués aux associés (23)				
26	Revenus de parts détenues dans d'autres sociétés immobilières non passibles de l'impôt sur les sociétés				
27	**RÉSULTAT** (revenu; déficit : ( ) (lignes 23 + 24 + 26 – ligne 25) à répartir entre les associés				

DÉTAIL DES RÉSULTATS À RÉPARTIR ENTRE LES ASSOCIÉS (voir pages 2, 3, 4 du feuillet n° 2072-I joint à la déclaration)

		Immeuble n° 1	Immeuble n° 2	Immeuble n° 3	Immeuble n° 4
28	REVENUS BRUTS (lignes 5 + 24 – 25 + 26)				
29	FRAIS ET CHARGES *autres qu'intérêts d'emprunts* (ligne 21 col. 1 ou des col. 2 à 13)				
DONT	30 Indemnités d'éviction, frais de relogement, frais d'adhésion à des A.F.U. (ligne 7 de la colonne 8)	»	»	»	»
	31 Travaux de réparation, d'amélioration ou de démolition (ligne 13 de la colonne 8)	»	»	»	»
32	INTÉRÊTS DES EMPRUNTS (ligne 22 col. 1 ou des col. 2 à 13)				
33	REVENU NET ou DÉFICIT ( ) (27) (report de la ligne 27 pour chaque catégorie d'immeubles)				

EN MATIÈRE DE REVENUS FONCIERS ❸

	Immeuble n° 5	Immeuble n° 6	Immeuble n° 7	Secteur sauvegardé et assimilé ㉔ ㉕ ㉗ autorisation de travaux obtenue — avant le 01/07/1993	entre le 01/07/1993 et le 31/12/1994	à compter du 01/01/1995	Zones franches urbaines ㉖	Monuments historiques	Nue-propriété
	5	6	7	8	9	10	11	12	13
1									»
									»
2									»
3									»
4									»
5									»
6									»
7									»
8									»
9									»
10				»	»	»	»	»	»
11									»
12									»
13									
14									
15	»	»	»	»	»			»	»
16	»	»	»	»	»		»	»	»
17	»	»	»	»	»	»	»	»	
18	»	»	»	»	»	»	»		»
19									»
20									
21									
22									
23									
24				»	»	»	»	»	»
25									»
26									»
27									

	Immeuble n° 5	Immeuble n° 6	Immeuble n° 7	Secteur sauvegardé et assimilé autorisation de travaux obtenue ㉔ ㉕ ㉗ — avant le 01/07/1993	entre le 01/07/1993 et le 31/12/1994	à compter du 01/01/1995	Zones franches urbaines ㉖	Monuments historiques	Nue-propriété
28									»
29									
30	»	»	»		»	»	»	»	»
31	»	»	»		»	»	»	»	»
32									
33									

4

RENSEIGNEMENTS COMPLÉMENTAIRES

- Si la société donne en location des emplacements pour le stationnement de véhicules, cochez la case ci-dessous : ☐
- Si la société donne en location à des bénéficiaires du RMI, à des étudiants titulaires d'une bourse à caractère social, à des organismes sans but lucratif agréés des logements pour lesquels une exonération d'impôt sur le revenu est prévue par l'article 15 *bis* du CGI, cochez la case ci-dessous : ☐

CONTRIBUTION SUR LES REVENUS LOCATIFS (28)

- Recettes nettes soumises à la contribution sur les revenus locatifs au taux de 2,5 % : ____

REVENUS DE L'ENSEMBLE DES PROPRIÉTÉS BÂTIES ET NON BÂTIES DÉTERMINÉS SELON LES DISPOSITIONS APPLICABLES EN MATIÈRE D'IMPÔT SUR LES SOCIÉTÉS, DE BÉNÉFICES INDUSTRIELS OU COMMERCIAUX OU DE BÉNÉFICES AGRICOLES (régimes de bénéfice réel)

Nota : Ce cadre est à remplir dans le cas où un ou plusieurs membres de la société relèvent de l'impôt sur les sociétés dans les conditions de droit commun ou ont inscrit leurs droits sociaux à l'actif d'une entreprise industrielle, commerciale, artisanale ou agricole imposable à l'impôt sur le revenu de plein droit selon un régime de bénéfice réel. S'agissant des entreprises agricoles soumises au régime transitoire d'imposition, les revenus doivent être déterminés selon les dispositions applicables en matière de revenus fonciers. (29)

		BIC / IS	BA
PRODUITS	Revenus des immeubles (30)		
	Autres produits de gestion courante		
	I - Total des produits d'exploitation		
CHARGES	Achats et autres charges externes		
	Impôts, taxes et versements assimilés		
	Charges de personnel		
	Autres charges de gestion courante		
	Dotations aux amortissements et aux provisions (31)		
	II - Total des charges d'exploitation		
	1. RÉSULTAT D'EXPLOITATION (I - II)		
PRODUITS	Produits des valeurs mobilières et participations		
	Autres produits financiers		
	III - Total des produits financiers		
CHARGES	Charges d'intérêts		
	Autres charges financières		
	IV - Total des charges financières		
	2. RÉSULTAT FINANCIER (III - IV)		
PRODUITS	Produits des cessions d'éléments d'actif		
	Autres produits exceptionnels		
	V - Total des produits exceptionnels		
CHARGES	Valeurs comptables des éléments d'actif cédés		
	Autres charges exceptionnelles		
	VI - Total des charges exceptionnelles		
	3. RÉSULTAT EXCEPTIONNEL (V - VI)		
	Total des produits (I + III + V)		
	Total des charges (II + IV + VI)		
	4. BÉNÉFICE OU PERTE		

DÉTERMINATION DU RÉSULTAT FISCAL	BIC / IS	BA
BÉNÉFICE NET COMPTABLE ou PERTE NETTE COMPTABLE ( ) A		
RÉINTÉGRATIONS (32) :		
Moins-values nettes à long terme de l'exercice		
Plus-values nettes à court terme réalisées au cours d'exercices antérieurs, à rapporter aux résultats de l'exercice		
Divers (à détailler)		
TOTAL DES RÉINTÉGRATIONS B		
DÉDUCTIONS (32) :		
Produits financiers		
Plus-values nettes à long terme de l'exercice		
Fraction des plus-values nettes à court terme dont l'imposition est différée (33)		
Divers (à détailler)		
TOTAL DES DÉDUCTIONS C		
RÉSULTAT FISCAL avant imputations (A + B - C) D		
Imputation des amortissements pratiqués en période déficitaire et réputés différés E		
BÉNÉFICE ou DÉFICIT ( ) à répartir entre les associés (D - E)		

Extraits du Code civil

Titre IX.
De la société

Chapitre 1er.
Dispositions générales

Art. 1832. La société est instituée par deux ou plusieurs personnes qui conviennent par un contrat d'affecter à une entreprise commune des biens ou leur industrie en vue de partager le bénéfice ou de profiter de l'économie qui pourra en résulter.

Elle peut être instituée, dans les cas prévus par la loi, par l'acte de volonté d'une seule personne.

Les associés s'engagent à contribuer aux pertes.

Art. 1832-1. Même s'ils n'emploient que des biens de la communauté pour les apports à une société ou pour l'acquisition de parts sociales, deux époux seuls ou avec d'autres personnes peuvent être associés dans une même société et participer ensemble ou non à la gestion sociale.

Les avantages et libéralités résultant d'un contrat de société entre époux ne peuvent être annulés parce qu'ils constitueraient des donations déguisées, lorsque les conditions en ont été réglées par un acte authentique.

Art. 1832-2. Un époux ne peut, sous la sanction prévue à l'article 1427, employer des biens communs pour faire un apport à une société ou acquérir des parts sociales non négociables sans que son conjoint en ait été averti et sans qu'il en soit justifié dans l'acte.

La qualité d'associé est reconnue à celui des époux qui fait l'apport ou réalise l'acquisition.

La qualité d'associé est également reconnue, pour la moitié des parts souscrites ou acquises, au conjoint qui a notifié à la société son intention d'être personnellement associé. Lorsqu'il notifie son intention lors de l'apport ou de l'acquisition, l'acceptation ou l'agrément des associés vaut pour les deux époux. Si cette notification est postérieure à l'apport ou à l'acquisition, les clauses d'agrément prévues à cet effet par les statuts sont opposables au conjoint ; lors de la délibération sur l'agrément, l'époux associé ne participe pas au vote et ses parts ne sont pas prises en compte pour le calcul du quorum et de la majorité.

Les dispositions du présent article ne sont applicables que dans les sociétés dont les parts ne sont pas négociables et seulement jusqu'à la dissolution de la communauté.

Art. 1833. Toute société doit avoir un objet licite et être constituée dans l'intérêt commun des associés.

Art. 1834. Les dispositions du présent chapitre sont applicables à toutes les sociétés, s'il n'en est autrement disposé par la loi en raison de leur forme ou de leur objet.

Art. 1835. Les statuts doivent être établis par écrit. Ils déterminent, outre les apports de chaque associé, la forme, l'objet, l'appellation, le siège social, le capital social, la durée de la société et les modalités de son fonctionnement.

Art. 1836. Les statuts ne peuvent être modifiés, à défaut de clause contraire, que par l'accord unanime des associés.

En aucun cas, les engagements d'un associé ne peuvent être augmentés sans le consentement de celui-ci.

Art. 1837. Toute société dont le siège est situé sur le territoire français est soumise aux dispositions de la loi française. Les tiers peuvent se prévaloir du siège statutaire, mais celui-ci ne leur est pas opposable par la société si le siège réel est situé en un autre lieu.

Art. 1838. La durée de la société ne peut excéder quatre-vingt-dix-neuf ans.

Art. 1839. Si les statuts ne contiennent pas toutes les énonciations exigées par la législation ou si une formalité prescrite par celle-ci pour la constitution de la société a été omise ou irrégulièrement accomplie, tout intéressé est recevable à demander en justice que soit ordonnée, sous astreinte, la régularisation de la constitution. Le Ministère public est habile à agir aux mêmes fins.

Les mêmes règles sont applicables en cas de modification des statuts.

L'action aux fins de régularisation prévue à l'alinéa 1er se prescrit par trois ans à compter de l'immatriculation de la société ou de la publication de l'acte modifiant les statuts.

Art. 1840. Les fondateurs, ainsi que les premiers membres des organes de gestion, de direction ou d'administration, sont solidairement responsables du préjudice causé soit par le défaut d'une mention obligatoire dans les statuts, soit par l'omission ou l'accomplissement irrégulier d'une formalité prescrite pour la constitution de la société.

En cas de modification des statuts, les dispositions de l'alinéa précédent sont applicables aux membres des organes de gestion, de direction ou d'administration alors en fonction.

L'action se prescrira par dix ans, à compter du jour où l'une ou l'autre, selon le cas, des formalités visées à l'alinéa 3 de l'article 1839 aura été accomplie.

Art. 1841. Il est interdit aux sociétés n'y ayant pas été autorisées par la loi de faire publiquement appel à l'épargne ou d'émettre des titres négociables, à peine de nullité des contrats conclus ou des titres émis.

Art. 1842. Les sociétés autres que les sociétés en participation visées au chapitre III jouissent de la personnalité morale à compter de leur immatriculation.

Jusqu'à l'immatriculation, les rapports entre les associés sont régis par le contrat de société et par les principes généraux du droit applicable aux contrats et obligations.

Art. 1843. Les personnes qui ont agi au nom d'une société en formation avant l'immatriculation sont tenues des obligations nées des actes ainsi accomplis, avec solidarité si la société est commerciale, sans solidarité dans les autres cas. La société régulièrement immatriculée peut reprendre les engagements souscrits, qui sont alors réputés avoir été dès l'origine contractés par celle-ci.

Art. 1843-1. L'apport d'un bien ou d'un droit soumis à publicité pour son opposabilité aux tiers peut être publié dès avant l'immatriculation et sous la condition que celle-ci intervienne. A compter de celle-ci, les effets de la formalité rétroagissent à la date de son accomplissement.

Art. 1843-2. Les droits de chaque associé dans le capital social sont proportionnels à ses apports lors de la constitution de la société ou au cours de l'existence de celle-ci.

[(L. n°82-596 du 10.7.82). Les apports en industrie ne concourent pas à la formation du capital social mais donnent lieu à l'attribution de parts ouvrant droit au partage des bénéfices et de l'actif net, à charge de contribuer aux pertes.]

Art. 1843-3. Chaque associé est débiteur envers la société de tout ce qu'il a promis de lui apporter en nature, en numéraire ou en industrie.

Les apports en nature sont réalisés par le transfert des droits correspondants et par la mise à la disposition effective des biens.

Lorsque l'apport est en propriété, l'apporteur est garant envers la société comme un vendeur envers son acheteur.

Lorsqu'il est en jouissance, l'apporteur est garant envers la société comme un bailleur envers son preneur. Toutefois, lorsque l'apport en jouissance porte sur des choses de genre ou sur tous autres biens normalement appelés à être renouvelés pendant la durée de la société, le contrat transfère à celle-ci la propriété des biens apportés à charge d'en rendre une pareille quantité, qualité et valeur ; dans ce cas, l'apporteur est garant dans les conditions prévues à l'alinéa précédent.

L'associé qui devait apporter une somme dans la société et qui ne l'a point fait devient, de plein droit et sans demande, débiteur des intérêts de cette somme à compter du jour où elle devait être payée et ce sans préjudice de plus amples dommages-intérêts, s'il y a lieu.

L'associé qui s'est obligé à apporter son industrie à la société lui doit compte de tous les gains qu'il a réalisés par l'activité faisant l'objet de son apport.

Art. 1843-4. Dans tous les cas où sont prévus la cession des droits sociaux d'un associé, ou le rachat de ceux-ci par la société, la valeur de ces droits est déterminée, en cas de contestation, par un expert désigné, soit par les parties, soit à défaut d'accord entre elles, par ordonnance du président du tribunal statuant en la forme des référés et sans recours possible.

Art. 1843-5. (L. n°88-15 du 5.1.88). Outre l'action en réparation du préjudice subi personnellement, un ou plusieurs associés peuvent intenter l'action sociale en responsabilité contre les gérants. Les demandeurs sont habilités à poursuivre la réparation du préjudice subi par la société ; en cas de condamnation, les dommages-intérêts sont alloués à la société.

Est réputée non écrite toute clause des statuts ayant pour effet de subordonner l'exercice de l'action sociale à l'avis préalable ou à l'autorisation de l'assemblée ou qui comporterait par avance renonciation à l'exercice de cette action.

Aucune décision de l'assemblée des associés ne peut avoir pour effet d'éteindre une action en responsabilité contre les gérants pour la faute commise dans l'accomplissement de leur mandat.

Art. 1844. Tout associé a le droit de participer aux décisions collectives.

Les copropriétaires d'une part sociale indivise sont représentés par un mandataire unique, choisi parmi les indivisaires ou en dehors d'eux. En cas de désaccord, le mandataire sera désigné en justice à la demande du plus diligent.

Si une part est grevée d'un usufruit, le droit de vote appartient au nu-propriétaire, sauf pour les décisions concernant l'affectation des bénéfices, où il est réservé à l'usufruitier.

Les statuts peuvent déroger aux dispositions des deux alinéas qui précèdent.

Art. 1844-1. La part de chaque associé dans les bénéfices et sa contribution aux pertes se déterminent à proportion de sa part dans le capital social et la part de l'associé qui n'a apporté que son industrie est égale à celle de l'associé qui a le moins apporté, le tout sauf clause contraire.

Toutefois, la stipulation attribuant à un associé la totalité du profit procuré par la société ou l'exonérant de la totalité des pertes, celle excluant un associé totalement du profit ou mettant à sa charge la totalité des pertes sont réputées non écrites.

Art. 1844-2. [(L. du 17.7.78). Il peut être consenti hypothèque ou toute autre sûreté réelle sur les biens de la société en vertu de pouvoirs résultant de délibérations ou délégations établies sous signatures privées alors même que la constitution de l'hypothèque ou de la sûreté doit l'être par acte authentique.]

Ces pouvoirs sont valablement établis par acte sous seing privé, alors même que la constitution de la sûreté doit l'être par acte authentique.

Art. 1844-3. La transformation régulière d'une société en une société d'une autre forme n'entraîne pas la création d'une personne morale nouvelle. Il en est de même de la prorogation ou de toute autre modification statutaire.

Art. 1844-4. Une société, même en liquidation, peut être absorbée par une autre société ou participer à la constitution d'une société nouvelle, par voie de fusion.

Elle peut aussi transmettre son patrimoine par voie de scission à des sociétés existantes ou à des sociétés nouvelles.

Ces opérations peuvent intervenir entre des sociétés de forme différente.

Elles sont décidées, par chacune des sociétés intéressées, dans les conditions requises pour la modification de ses statuts.

Si l'opération comporte la création de sociétés nouvelles, chacune de celles-ci est constituée selon les règles propres à la forme de société adoptée.

Art. 1844-5. La réunion de toutes les parts sociales en une seule main n'entraîne pas la dissolution de plein droit de la société. Tout intéressé peut demander cette dissolution si la situation n'a pas été régularisée dans le délai d'un an. Le tribunal peut accorder à la société un délai maximal de six mois pour régulariser la situation. Il ne peut prononcer la dissolution si, au jour où il statue sur le fond, cette régularisation a eu lieu.]

L'appartenance de l'usufruit de toutes les parts sociales à la même personne est sans conséquence sur l'existence de la société.

[(L. n°88-15 du 5.1.88). En cas de dissolution, celle-ci entraîne la transmission universelle du patrimoine de la société à l'associé unique, sans qu'il y ait lieu à liquidation. Les créanciers peuvent faire opposition à la dissolution dans le délai de trente jours à compter de la publication de celle-ci. Une décision de justice rejette l'opposition ou ordonne soit le remboursement des créances, soit la constitution de garanties si la société en offre et si elles sont jugées suffisantes. La transmission du patrimoine n'est réalisée et il n'y a disparition de la personne morale qu'à l'issue du délai d'opposition ou, le cas échéant, lorsque l'opposition a été rejetée en première instance ou que le remboursement des créances a été effectué ou les garanties constituées.]

Art. 1844-6. La prorogation de la société est décidée à l'unanimité des associés, ou, si les statuts le prévoient, à la majorité prévue pour la modification de ceux-ci.

Un an au moins avant la date d'expiration de la société, les associés doivent être consultés à l'effet de décider si la société doit être prorogée.

A défaut, tout associé peut demander au président du tribunal, statuant sur requête, la désignation d'un mandataire de justice chargé de provoquer la consultation prévue ci-dessus.

Art. 1844-7. La société prend fin :

1° Par l'expiration du temps pour lequel elle a été constituée, sauf prorogation effectuée conformément à l'article 1844-6 ;

2° Par la réalisation ou l'extinction de son objet ;

3° Par l'annulation du contrat de société ;

4° Par la dissolution anticipée décidée par les associés ;

5° Par la dissolution anticipée prononcée par le tribunal à la demande d'un associé pour justes motifs, notamment en cas d'inexécution de ses obligations par un associé, ou de mésentente entre associés paralysant le fonctionnement de la société ;

6° Par la dissolution anticipée prononcée par le tribunal dans le cas prévu à l'article 1844-5 ;

7° [(L. n° 88-15 du 5.1.88). Par l'effet d'un jugement ordonnant la liquidation judiciaire ou la cession totale des actifs de la société ;]

8° Pour toute autre cause prévue par les statuts.

Art. 1844-8. La dissolution de la société entraîne sa liquidation, hormis les cas prévus à l'article 1844-4 et au troisième alinéa de l'article 1844-5. Elle n'a d'effet à l'égard des tiers qu'après sa publication.

Le liquidateur est nommé conformément aux dispositions des statuts. Dans le silence de ceux-ci, il est nommé par les associés ou, si les associés n'ont pu procéder à cette nomination, par décision de justice. Le liquidateur peut être révoqué dans les mêmes conditions. La nomination et la révocation ne sont opposables aux tiers qu'à compter de leur publication. Ni la société ni les tiers ne peuvent, pour se soustraire à leurs engagements, se prévaloir d'une irrégularité dans la nomination ou dans la révocation du liquidateur, dès lors que celle-ci a été régulièrement publiée.

La personnalité morale de la société subsiste pour les besoins de la liquidation jusqu'à la publication de la clôture de celle-ci.

Si la clôture de la liquidation n'est pas intervenue dans un délai de trois ans à compter de la dissolution, le Ministère public ou tout intéressé peut saisir le tribunal, qui fait procéder à la liquidation ou, si celle-ci a été commencée, à son achèvement.

Art. 1844-9. Après paiement des dettes et remboursement du capital social, le partage de l'actif est effectué entre les associés dans les mêmes proportions que leur participation aux bénéfices, sauf clause ou convention contraire.

Les règles concernant le partage des successions, y compris l'attribution préférentielle, s'appliquent aux partages entre associés.

Toutefois, les associés peuvent valablement décider, soit dans les statuts, soit par une décision ou un acte distinct, que certains biens seront attribués à certains associés. A défaut, tout bien apporté qui se retrouve en nature dans la masse partagée est attribué, sur sa demande, et à charge de soulte s'il y a lieu, à l'associé qui en avait fait l'apport. Cette faculté s'exerce avant tout autre droit à une attribution préférentielle.

Tous les associés, ou certains d'entre eux seulement, peuvent aussi demeurer dans l'indivision pour tout ou partie des biens sociaux. Leurs rapports sont alors régis, à la clôture de la liquidation, en ce qui concerne ces biens, par les dispositions relatives à l'indivision.

Art. 1844-10. La nullité de la société ne peut résulter que de la violation des dispositions des articles 1832, 1832-1, al. 1er, et 1833, ou de l'une des causes de nullité des contrats en général.

Toute clause statutaire contraire à une disposition impérative du présent titre, dont la violation n'est pas sanctionnée par la nullité de la société, est réputée non écrite.

La nullité des actes ou délibérations des organes de la société ne peut résulter que de la violation d'une disposition impérative du présent titre ou de l'une des causes de nullité des contrats en général.

Art. 1844-11. L'action en nullité est éteinte lorsque la clause de la nullité a cessé d'exister le jour où le tribunal statue sur le fond en première instance, sauf si cette nullité est fondée sur l'illicéité de l'objet social.

Art. 1844-12. En cas de nullité d'une société ou d'actes ou délibérations postérieurs à sa constitution, fondée sur un vice de consentement ou l'incapacité d'un associé, et lorsque la régularisation peut intervenir, toute personne, y ayant intérêt, peut mettre en demeure celui qui est susceptible de l'opérer, soit de régulariser, soit d'agir en nullité dans un délai de six mois à peine de forclusion. Cette mise en demeure est dénoncée à la société.

La société ou un associé peut soumettre au tribunal saisi dans le délai prévu à l'alinéa précédent, toute mesure susceptible de supprimer l'intérêt du demandeur notamment par le rachat de ses droits sociaux. En ce cas, le tribunal peut, soit prononcer la nullité, soit rendre obligatoires les mesures proposées si celles-ci ont été préalablement adoptées par la société aux conditions prévues pour les modifications statutaires. Le vote de l'associé dont le rachat des droits est demandé est sans influence sur la décision de la société.

En cas de contestation, la valeur des droits sociaux à rembourser à l'associé est déterminée conformément aux dispositions de l'article 1843-4.

Art. 1844-13. Le tribunal, saisi d'une demande en nullité, peut, même d'office, fixer un délai pour permettre de couvrir les nullités. Il ne peut prononcer la nullité moins de deux mois après la date de l'exploit introductif d'instance.

Si, pour couvrir une nullité, une assemblée doit être convoquée, ou une consultation des associés effectuée, et s'il est justifié d'une convocation régulière de cette assemblée ou de l'envoi aux associés du texte des projets de décision accompagné des documents qui doivent leur être communiqués, le tribunal accorde par jugement le délai nécessaire pour que les associés puissent prendre une décision.

Art. 1844-14. Les actions en nullité de la société ou d'actes et délibérations postérieurs à sa constitution se prescrivent par trois ans à compter du jour où la nullité est encourue.

Art. 1844-15. Quand la nullité de la société est prononcée, elle met fin, sans rétroactivité, à l'exécution du contrat.

A l'égard de la personne morale qui a pu prendre naissance, elle produit les effets d'une dissolution prononcée par justice.

Art. 1844-16. Ni la société ni les associés ne peuvent se prévaloir d'une nullité à l'égard des tiers de bonne foi. Cependant, la nullité résultant de l'incapacité ou de l'un des vices du consentement est opposable même aux tiers par l'incapable et ses représentants légaux, ou par l'associé dont le consentement a été surpris par erreur, dol ou violence.

Art. 1844-17. L'action en responsabilité fondée sur l'annulation de la société ou des actes et délibérations postérieurs à la constitution se prescrit par trois ans à compter du jour où la décision d'annulation est passée en force de chose jugée.

La disparition de la cause de nullité ne met pas obstacle à l'exercice de l'action en dommages-intérêts tendant à la réparation du préjudice causé par le vice dont la société, l'acte ou la délibération était entaché. Cette action se prescrit par trois ans à compter du jour où la nullité a été couverte.

Chapitre II.
De la société civile

Section I.
Dispositions générales

Art. 1845. Les dispositions du présent chapitre sont applicables à toutes les sociétés civiles, à moins qu'il n'y soit dérogé par le statut légal particulier auquel certaines d'entre elles sont assujetties. Ont le caractère civil toutes les sociétés auxquelles la loi n'attribue pas un autre caractère à raison de leur forme, de leur nature, ou de leur objet.

Art. 1845-1. Le capital social est divisé en parts égales.

Section II.
Gérance

Art. 1846. La société est gérée par une ou plusieurs personnes, associées ou non, nommées soit par les statuts, soit par un acte distinct, soit par une décision des associés. Les statuts fixent les règles de désignation du ou des gérants et le mode d'organisation de la gérance.

Sauf disposition contraire des statuts, le gérant est nommé par une décision des associés représentant plus de la moitié des parts sociales.

Dans le silence des statuts, et s'il n'en a été décidé autrement par les associés lors de la désignation, les gérants sont réputés nommés pour la durée de la société.

Si, pour quelque cause que ce soit, la société se trouve dépourvue de gérant, tout associé peut demander au président du tribunal statuant sur requête la désignation d'un mandataire chargé de réunir les associés en vue de nommer un ou plusieurs gérants.

Art. 1846-1. Hors les cas visés à l'article 18447, la société prend fin par la dissolution anticipée que peut prononcer le tribunal à la demande de tout intéressé, lorsqu'elle est dépourvue de gérant depuis plus d'un an.

Art. 1846-2. La nomination et la cessation de fonction des gérants doivent être publiées.

Ni la société, ni les tiers ne peuvent, pour se soustraire à leurs engagements, se prévaloir d'une irrégularité dans la nomination des gérants ou dans la cessation de leur fonction, dès lors que ces décisions ont été régulièrement publiées.

Art. 1847. Si une personne morale exerce la gérance, ses dirigeants sont soumis aux mêmes conditions et obligations et encourent les mêmes responsabilités, civile et pénale, que s'ils étaient gérants en leur nom propre, sans préjudice de la responsabilité solidaire de la personne morale qu'ils dirigent.

Art. 1848. Dans les rapports entre associés, le gérant peut accomplir tous les actes de gestion que demande l'intérêt de la société.

S'il y a plusieurs gérants, ils exercent séparément ces pouvoirs, sauf le droit qui appartient à chacun de s'opposer à une opération avant qu'elle ne soit conclue.

Le tout, à défaut de dispositions particulières des statuts sur le mode d'administration.

Art. 1849. Dans les rapports avec les tiers, le gérant engage la société par les actes entrant dans l'objet social.

En cas de pluralité de gérants, ceux-ci détiennent séparément les pouvoirs prévus à l'alinéa précédent. L'opposition formée par un gérant aux actes d'un autre gérant est sans effet à l'égard des tiers, à moins qu'il ne soit établi qu'ils en ont eu connaissance.

Les clauses statutaires limitant les pouvoirs des gérants sont inopposables aux tiers.

Art. 1850. Chaque gérant est responsable individuellement envers la société et envers les tiers, soit des infractions aux lois et règlements, soit de la violation des statuts, soit des fautes commises dans sa gestion.

Si plusieurs gérants ont participé aux mêmes faits, leur responsabilité est solidaire à l'égard des tiers et des associés. Toutefois, dans leurs rapports entre eux, le tribunal détermine la part contributive de chacun dans la réparation du dommage.

Art. 1851. Sauf disposition contraire des statuts le gérant est révocable par une décision des associés représentant plus de la moitié des parts sociales. Si la révocation est décidée sans juste motif, elle peut donner lieu à dommages-intérêts.

Le gérant est également révocable par les tribunaux pour cause légitime, à la demande de tout associé.

Sauf clause contraire, la révocation d'un gérant, qu'il soit associé ou non, n'entraîne pas la dissolution de la société. Si le gérant révoqué est un associé, il peut, à moins qu'il n'en soit autrement convenu dans les statuts, ou que les autres associés ne décident la dissolution anticipée de la société, se retirer de celle-ci dans les conditions prévues à l'article 1869 (2ème alinéa).

Section III.
Décisions collectives

Art. 1852. Les décisions qui excèdent les pouvoirs reconnus aux gérants sont prises selon les dispositions statutaires ou, en l'absence de telles dispositions, à l'unanimité des associés.

Art. 1853. Les décisions sont prises par les associés réunis en assemblée. Les statuts peuvent aussi prévoir qu'elles résulteront d'une consultation écrite.

Art. 1854. Les décisions peuvent encore résulter du consentement de tous les associés exprimé dans un acte.

Section IV.
Information des associés

Art. 1855. Les associés ont le droit d'obtenir, au moins une fois par an, communication des livres et des documents sociaux, et de poser par écrit des questions sur la gestion sociale auxquelles il devra être répondu par écrit dans le délai d'un mois.

Art. 1856. Les gérants doivent, au moins une fois dans l'année, rendre compte de leur gestion aux associés. Cette reddition de compte doit comporter un rapport écrit d'ensemble sur l'activité de la société au cours de l'année ou de l'exercice écoulé comportant l'indication des bénéfices réalisés ou prévisibles et des pertes encourues ou prévues.

Section V.
Engagement des associés à l'égard des tiers

Art. 1857. A l'égard des tiers, les associés répondent indéfiniment des dettes sociales à proportion de leur part dans le capital social à la date de l'exigibilité ou au jour de la cessation des paiements.

L'associé qui n'a apporté que son industrie est tenu tel celui dont la participation dans le capital social est la plus faible.

Art. 1858. Les créanciers ne peuvent poursuivre le paiement des dettes sociales contre un associé qu'après avoir préalablement et vainement poursuivi la personne morale.

Art. 1859. Toutes les actions contre les associés non liquidateurs ou leurs héritiers et ayants cause se prescrivent par cinq ans à compter de la publication de la dissolution de la société.

Art. 1860. S'il y a déconfiture, faillite personnelle, liquidation de biens ou règlement judiciaire atteignant l'un des associés, à moins que les autres unanimes ne décident de dissoudre la société par anticipation ou que cette dissolution ne soit prévue par les statuts, il est procédé, dans les conditions énoncées à l'article 1843-4, au remboursement des droits sociaux de l'intéressé, lequel perdra alors la qualité d'associé.

Section VI.
Cession des parts sociales

Art. 1861. Les parts sociales ne peuvent être cédées qu'avec l'agrément de tous les associés.

Les statuts peuvent toutefois convenir que cet agrément sera obtenu à une majorité qu'ils déterminent, ou qu'il peut être accordé par les gérants. Ils peuvent aussi dispenser d'agrément les cessions consenties à des associés ou au conjoint de l'un d'eux. Sauf dispositions contraires des statuts, ne sont pas soumises à agrément les cessions consenties à des ascendants ou descendants du cédant.

Le projet de cession est notifié, avec demande d'agrément, à la société et à chacun des associés. Il n'est notifié qu'à la société quand les statuts prévoient que l'agrément peut être accordé par les gérants.

Lorsque deux époux sont simultanément membres d'une société, les cessions faites par l'un d'eux à l'autre doivent, pour être valables, résulter d'un acte notarié ou d'un acte sous seing privé ayant acquis date certaine autrement que par le décès du cédant.

Art. 1862. Lorsque plusieurs associés expriment leur volonté d'acquérir, ils sont, sauf clause ou convention contraire, réputés acquéreurs à proportion du nombre de parts qu'ils détenaient antérieurement.

Si aucun associé ne se porte acquéreur, la société peut faire acquérir les parts par un tiers désigné à l'unanimité des autres associés ou suivant les modalités prévues par les statuts. La société peut également procéder au rachat des parts en vue de leur annulation.

Le nom du ou des acquéreurs proposés, associés ou tiers, ou l'offre de rachat par la société, ainsi que le prix offert sont notifiés au cédant. En cas de contestation sur le prix, celui-ci est fixé conformément aux dispositions de l'article 1843-4, le tout sans préjudice du droit du cédant de conserver ses parts.

Art. 1863. Si aucune offre d'achat n'est faite au cédant dans un délai de six mois à compter de la dernière des notifications prévues au troisième alinéa de l'article 1861, l'agrément à la cession est réputé acquis, à moins que les autres associés ne décident, dans le même délai, la dissolution anticipée de la société.

Dans ce dernier cas, le cédant peut rendre caduque cette décision en faisant connaître qu'il renonce à la cession dans le délai d'un mois à compter de ladite décision.

Art. 1864. Il ne peut être dérogé aux dispositions des deux articles qui précèdent que pour modifier le délai de six mois prévu à l'article 1863 (1er alinéa), et sans que le délai prévu par les statuts puisse excéder un an ni être inférieur à un mois.

Art. 1865. La cession de parts sociales doit être constatée par écrit. Elle est rendue opposable à la société dans les formes prévues à l'article 1690, ou, si les statuts le stipulent, par transfert sur les registres de la société.

Elle n'est opposable aux tiers qu'après accomplissement de ces formalités et après publication.

Art. 1866. Les parts sociales peuvent faire l'objet d'un nantissement constaté, soit par acte authentique, soit par acte sous signatures privées signifié à la société ou accepté par elle dans un acte authentique, et donnant lieu à une publicité dont la date détermine le rang des créanciers nantis. Ceux dont les titres sont publiés le même jour viennent en concurrence.

Le privilège du créancier gagiste subsiste sur les droits sociaux nantis, par le seul fait de la publication du nantissement.

Art. 1867. Tout associé peut obtenir des autres associés leur consentement à un projet de nantissement dans les mêmes conditions que leur agrément à une cession de parts.

Le consentement donné au projet de nantissement emporte agrément du cessionnaire en cas de réalisation forcée des parts sociales à la condition que cette réalisation soit notifiée un mois avant la vente aux associés et à la société.

Chaque associé peut se substituer à l'acquéreur dans un délai de cinq jours francs à compter de la vente. Si plusieurs associés exercent cette faculté, ils sont, sauf clause ou convention contraire, réputés acquéreurs à proportion du nombre de parts qu'ils détenaient antérieurement.

Si aucun associé n'exerce cette faculté, la société peut racheter les parts elle-même, en vue de leur annulation.

Art. 1868. La réalisation forcée qui ne procède pas d'un nantissement auquel les autres associés ont donné leur consentement doit pareillement être notifiée un mois avant la vente aux associés et à la société.

Les associés peuvent, dans ce délai, décider la dissolution de la société ou l'acquisition des parts dans les conditions prévues aux articles 1862 et 1863.

Si la vente a eu lieu, les associés ou la société peuvent exercer la faculté de substitution qui leur est reconnue par l'article 1867. Le non-exercice de cette faculté emporte agrément de l'acquéreur.

Section VII.
Retrait ou décès d'un associé

Art. 1869. Sans préjudice des droits des tiers, un associé peut se retirer totalement ou partiellement de la société, dans les conditions prévues par les statuts ou, à défaut, après autorisation donnée par une décision unanime des autres associés. Ce retrait peut également être autorisé pour justes motifs par une décision de justice.

A moins qu'il ne soit fait application de l'article 1844-9 (3ème alinéa), l'associé qui se retire a droit au remboursement de la valeur de ses droits sociaux, fixée, à défaut d'accord amiable, conformément à l'article 1843-4.

Art. 1870. La société n'est pas dissoute par le décès d'un associé, mais continue avec ses héritiers ou légataires, sauf à prévoir dans les statuts qu'ils doivent être agréés par les associés.

Il peut, toutefois, être convenu que ce décès entraînera la dissolution de la société ou que celle-ci continuera avec les seuls associés survivants.

Il peut également être convenu que la société continuera soit avec le conjoint survivant, soit avec un ou plusieurs des héritiers, soit avec toute autre personne désignée par les statuts ou, si ceux-ci l'autorisent, par disposition testamentaire.

Sauf clause contraire des statuts, lorsque la succession est dévolue à une personne morale, celle-ci ne peut devenir associée qu'avec l'agrément des autres associés, donné selon les conditions statutaires ou, à défaut, par l'accord unanime des associés.

Art. 1870-1. Les héritiers ou légataires qui ne deviennent pas associés n'ont droit qu'à la valeur des parts sociales de leur auteur. Cette valeur doit leur être payée par les nouveaux titulaires des parts ou par la société elle-même si celle-ci les a rachetées en vue de leur annulation.

La valeur de ces droits sociaux est déterminée au jour du décès dans les conditions prévues à l'article 1843-4.

Dans la même collection

Comment gérer une S.C.I.

Guillaume DUPREZ - 256 pages - 22,50 €

Une fois créée, la SCI demande un minimum de gestion et le respect de plusieurs règles de fonctionnement :

- Comment mettre en place la comptabilité d'une SCI ?
- Quelles sont les obligations légales, administratives, comptables, fiscales de la SCI ?
- A quelle période faut-il s'acquitter de ces obligations ?
- A quoi sont tenus ses gérants et ses actionnaires ? ...

Toutes les réponses présentées dans un style clair et accessible, et illustrées de nombreux exemples.

Pour tous renseignements : 01 64 23 61 46

Dans la même collection

La fiscalité de l'épargne

Guide économique, financier et fiscal

Hervé JARRIGE-LEMAS - 200 pages - 19,80 €

Comment, en matière d'épargne, associer économies d'impôts et rentabilité : le lecteur trouvera dans ce guide matière à concilier ses exigences de rentabilité et son légitime souci d'optimisation fiscale : nous y associons pour les comparer, l'étude incontournable du mécanisme général d'imposition et l'analyse de chaque produit dans ses aspects financiers, économiques et fiscaux.

Pour tous renseignements : 01 64 23 61 46

IMPRESSION, BROCHAGE
IMPRIMERIE CHIRAT
42540 ST-JUST-LA-PENDUE
JANVIER 2005
DÉPÔT LÉGAL 2005 N° 4338

IMPRIMÉ EN FRANCE